Serie de Teoría Jurídica y Filosofía del Derecho N.º 48

Procura existencial, Estado de Derecho y Estado Social
Ernst Forsthoff y la crisis de Weimar

Nuria Magaldi
Universidad de Barcelona

Procura existencial, Estado de Derecho y Estado Social
Ernst Forsthoff y la crisis de Weimar

Universidad Externado de Colombia

Serie orientada por Luis Villar Borda
Director del Departamento de Gobierno Municipal

ISBN 978-958-710-238-3
ISBN 978-958-710-509-4 E-BOOK

© **NURIA MAGALDI, 2007**
© **UNIVERSIDAD EXTERNADO DE COLOMBIA, 2007**
Derechos exclusivos de publicación y distribución
Calle 12 n.º 1-17 este, Bogotá - Colombia. Fax 342 4948
www.uexternado.edu.co

Primera edición: septiembre de 2007

Ilustración de cubierta: Tribunal Administrativo, Viena (Austria)
Composición: Departamento de Publicaciones

Prohibida la reproducción o cita impresa o electrónica total o parcial de esta obra, sin autorización expresa y por escrito del Departamento de Publicaciones de la Universidad Externado de Colombia. Las opiniones expresadas en esta obra son de responsabilidad del autor.

*A mi abuela Elvira.
Y a la memoria de mi abuelo Nicola*

CONTENIDO

AGRADECIMIENTOS 11

PRESENTACIÓN 13

I. INTRODUCCIÓN 15
II. ALGUNAS CONSIDERACIONES SOBRE LA CRISIS WEIMARIANA 25
   1. *A modo de justificación* 25
   2. *El debate en torno a la forma de gobierno* 29
   3. *La "discusión metodológica"* 44
III. ERNST FORSTHOFF: VIDA Y OBRA 56
   1. *Ernst Forsthoff: una breve presentación* 56
   2. *Ernst Forsthoff: su obra* 65
IV. LA PROCURA EXISTENCIAL 70
   1. *Introducción* 70
   2. *Las transformaciones sociales* 71
   3. *El reproche de Forsthoff a la doctrina tradicional* 77
   4. *El concepto de procura existencial* 83
   5. *La contribución de Forsthoff al modelo* 93
      de Estado de Bienestar alemán 93
V. CONSTITUCIÓN, ESTADO DE DERECHO Y ESTADO SOCIAL 104
   1. *Introducción* 104
   2. *La evolución del concepto de Constitución*
      como punto de partida de la reflexión forsthoffiana 106
   3. *La crítica de Forsthoff al nuevo método*
      de interpretación constitucional 111
   4. *La Teoría sobre la Constitución de Forsthoff* 119
     a. La (in)compatibilidad constitucional
       entre Estado de Derecho y Estado Social 121
       – El Estado como poder de dominación
         y como prestador de servicios 122
       – Las garantías constitucionales 125

		– Las diferencias estructurales entre Derecho constitucional y Derecho administrativo	127

        b. La Teoría de la Constitución forsthoffiana: método de interpretación constitucional, concepto de Constitución y derechos fundamentales 129
    5. *El concepto y la significación del Estado Social en Forsthoff* *135*
        a. La articulación del Estado Social en el ordenamiento jurídico 135
        b. En particular, la posición de Forsthoff en torno al modelo de Estado definido por la Ley Fundamental de Bonn 141
VI. Conclusiones 145

bibliografía 167

índice onomástico 177

AGRADECIMIENTOS

Este trabajo constituyó, originariamente, la memoria presentada para la obtención, en octubre del 2004 y en la Universidad de Barcelona, del Diploma de Estudios Avanzados (DEA), ante un tribunal formado por los profesores M. J. MONTORO, B. NOGUERA y E. PONS, a quienes agradezco sus observaciones y sugerencias.

Quisiera, por otra parte, dar las gracias a ALFREDO GALÁN, ORIOL MIR y FRANCESC RODRÍGUEZ PONTÓN, mis antiguos compañeros del despacho 117, que padecieron, con paciencia y humor, buena parte de la elaboración del mismo.

A JORGE IVÁN RINCÓN le agradezco no sólo su decisiva intermediación en la publicación de este trabajo sino también su constante apoyo y su serena amistad.

Por último, no puedo dejar de dar públicamente las gracias a todos los que, con su especial insistencia, han hecho posible la presente publicación. Desde luego, a ELISENDA MALARET. A MARC TARRÉS, a quien agradezco también sus consejos y su simpatía. A ANTONIO le doy las gracias, además, por su permanente capacidad para sorprender(me) y por su inagotable y a veces exasperante optimismo.

PRESENTACIÓN

El concepto de "procura existencial" está asociado al nombre del iuspublicista alemán ERNST FORSTHOFF, quien lo acuñó para designar el amplio espacio de necesidades que el individuo no está en capacidad de atender efectivamente, requiriendo por ello la asistencia del Estado. En la sociedad industrial, cuya evolución moderna fue motivo de las principales preocupaciones de FORSTHOFF, la vida se ha hecho más compleja y los bienes y servicios indispensables se han multiplicado.

Corresponde al Estado la responsabilidad de garantizar las posibilidades de realización de esas condiciones existenciales, a través de la Administración, que de esta manera recibe una nueva función esencial junto a la tradicional de intervención: la función de prestación. Este fue sin duda un aporte al Estado de bienestar en la República Federal de Alemania.

NÚRIA MAGALDI MENDAÑA, profesora en la asignatura de Ciencia de la Administración de la Universidad de Barcelona, ha adelantado una completa investigación sobre algunas de las doctrinas de FORSTHOFF, en especial la de la procura existencial, en relación con el Estado de Derecho y el Estado Social. Este estudio no tiene sólo un interés histórico, como podría pensarse, por el evidente triunfo de sus contradictores en la teoría y la jurisprudencia, sino que toca aspectos que de nuevo se discuten, en especial por el predominio que van adquiriendo las ideas neoliberales y el consiguiente desmonte del Estado Social.

Para FORSTHOFF el Estado Social, de raigambre social-demócrata, esbozado por primera vez por HERMANN HELLER como una alternativa a la dictadura, es contradictorio con el Estado de Derecho. Curiosamente Forsthoff, que llevó su rechazo al Estado liberal al extremo de recibir en principio, como ocurrió infortunadamente con buena parte de los juristas alemanes, con entusiasmo el régimen nacionalsocialista, se aferra a un Estado de Derecho puramente formal, que rechaza la incorporación de cualquier tipo de valores materiales. En beneficio del profesor Forsthoff se debe decir que mostró prontamente, después de haber escrito obras legitimadoras del sistema como *El Estado total*, sus discrepancias y por ello cayó en desgracia, lo que le permitió dedicarse a escribir su *Tratado de Derecho Administrativo* y cumplir un papel en los medios jurídicos de la República de Bonn, después de algunos años de retiro. En 1952 lo encontramos de nuevo reintegrado a su cátedra en Heidelberg.

La profesora Magaldi es una joven docente, formada en España y Alemania en derecho público y derecho administrativo y procesal. Es autora de la obra *Derecho a saber, filiación biológica y Administración Pública*, editado por Marcial Pons, Madrid, 2004, ha participado en numerosos libros colectivos y realizado traducciones del alemán y el italiano.

Forsthoff es frecuentemente citado en libros de derecho constitucional y derecho administrativo, pero apenas conocido entre nosotros. De ahí que la Serie de Teoría Jurídica y Filosofía del Derecho de la Universidad Externado de Colombia estime de interés para juristas y estudiosos la presente publicación. La Universidad agradece a la profesora Magaldi por su valiosa contribución y a nuestro egresado Iván Rincón, actualmente adelantando curso de doctorado en Barcelona, por haber intermediado con la autora en representación de la Serie.

Bogotá, agosto de 2007

Luis Villar Borda

I. Introducción[1]

En un artículo publicado a principios de los años ochenta sobre la ciencia italiana de Derecho público en el siglo XIX, MAURIZIO FIORAVANTI señalaba que "de hecho, los *iuspublicistas* italianos de la inmediata posguerra estuvieron demasiado ocupados en determinar lo que estaba vigente y lo que no de las enseñanzas de ORLANDO [...] para poder adquirir, respecto de la tradición a la que se sentían ligados, la distancia que les permitiera someter el Ochocientos a un riguroso examen histórico"[2]. Es la necesidad de dicha distancia lo que explica, posiblemente, por qué sólo a partir de los años setenta y, sobre todo, de los ochenta se ha despertado, en el país alpino, un fuerte interés por el estudio de algunos de sus autores clásicos a caballo entre el siglo XIX y el XX, así como también, y muy especialmente, por los autores alemanes de la primera mitad del siglo pasado[3]. El

---

[1] La elaboración de este trabajo se inserta en el marco del proyecto SEJ 2004-08248-C02-01 (Ministerio de Educación y Ciencia), "Regulación y derechos fundamentales en la integración europea".

[2] M. FIORAVANTI. "La scienza italiana di diritto pubblico del diciannovesimo secolo: bilancio della ricerca storiografica", *Ius Commune*, X, 1983, p. 202.

[3] Al respecto cfr. F. LANCHESTER. "Il periodo formativo di Costantino Mortati", pp. 50 y 51, así como ID. "Il costituzionalismo tedesco da Weimar a Bonn: il contributo di Gerhard Leibholz", ambos en F. LANCHESTER (ed.). *Momenti e figure nel diritto costituzionale in Italia e in Germania*, Milano, Giuffrè, 1994, pp. 269 y 270, y la bibliografía allí citada. Dicho autor señala, explícitamente

relativo paralelismo existente en las vivencias históricas de ambos países durante el mencionado período explica, por otra parte, el recurso de los autores italianos a la doctrina alemana de la época, en un intento de buscar en ella respuestas a sus propias preguntas y paradojas[4].

De igual forma, el estudio de la doctrina iuspublicista alemana de la primera mitad del siglo XX tampoco ha sido emprendido en Alemania hasta tiempos muy recientes, sin duda por el miedo a los fantasmas de su propia historia[5]. Claramente lo

---

    y respecto de Italia, el hecho de que la desaparición de algunos autores constitucionalistas clásicos (MORTATI, CRISAFULLI, LAVAGNA) ha favorecido la reconsideración y recuperación de la doctrina constitucionalista de los últimos cincuenta años; en particular, las obras de autores como GALIZIA han contribuido a levantar el velo de opacidad y simplificación sobre sucesos que, por el contrario, están llenos de matices.

[4] F. LANCHESTER. "Le radici di Weimar", en LANCHESTER (ed.). *Momenti e figure...*, cit., pp. 202 y 203. Este autor pone de relieve, de todos modos, cómo el interés por el periodo weimariano en Italia ha ido variando, de forma que hoy en día los estudios de tipo "catastrofista" basados en las comparaciones de los regímenes fascista y nazista ya no tienen ni el espacio ni el eco de principios de los ochenta, centrándose el interés, ahora, en el estudio de Weimar como laboratorio para verificar si y cómo es posible homogeneizar una sociedad fragmentada a través de sus instituciones.

[5] En este sentido es ilustrativo el artículo del profesor ESTEVE PARDO, en el que da breve cuenta de las ponencias presentadas en la reunión del año 2000 por la Asociación Alemana de Profesores de Derecho Público (*Deutsche Staatsrechtslehre Vereinigung*) en relación a este tema, afirmando que dicha Asociación "ha tratado finalmente en uno de sus ordinarios encuentros anuales lo que fue su propia historia y trayectoria, así como la de sus miembros, durante el régimen nacionalsocialista". Cfr. J. ESTEVE PARDO. "La doctrina alemana del Derecho público durante el régimen nacionalsocialista: crónica de un debate tardío", *REDC*, año 23, n.º 67, 2003, pp. 171 y ss. Este mismo autor ponía de relieve, en 1996, que la bibliografía sobre CARL SCHMITT en lengua alemana había conocido una eclosión desde principios de los no-

ha expresado STOLLEIS, en el debate que siguió a las ponencias de la reunión anual de profesores de Derecho público alemanes, cuya sesión del año 2000 estuvo, precisamente, dedicada a este tema. Así, dicho autor pone de relieve cómo, si bien hasta entonces se había discutido, a lo largo de los años, sobre el papel de la burocracia alemana, sobre la crisis del Estado o sobre la continuidad del Segundo Imperio, los juristas no se habían decidido, aún, a afrontar (como sí los sociólogos o los historiadores) el reto de analizar y debatir el pasado nacionalsocialista[6]. Solo con el relevo generacional cristalizado en la década de los noventa (cuando son ya mayoría los docentes nacidos después de 1945) se adquiere "una distancia histórica y emocional que permite abordar el estudio de aquel período con unas mínimas garantías de objetividad"[7].

Y sin embargo, el estudio de estos autores y de su entorno social, político y cultural es, a mi entender, necesario e irrenunciable, además de una tarea intelectualmente fascinante. ¡No en vano el período weimariano ha sido considerado como uno de los más convulsos de la historia europea reciente pero también como uno de sus momentos más apasionantes! En este sentido, no puede olvidarse que 1914 supuso el final de un mundo y de una concepción vital, como muy bien lo plasmaron en sus obras

---

venta. Cfr. J. ESTEVE PARDO. "Las dos vidas de Carl Schmitt", *REDC,* año 46, n.º 46,1996, p. 305, nota a pie de p. 1.

[6] Cfr. "Aussprache und Schlussworte", en AA. VV. *Die deutsche Staatsrechtslehre in der Zeit des Nationalsozialismus,* Veröffentlichungen der Vereinigung der Deutschen Staatsrechtslehrer n.º 60, Berlin y New York, Walter de Gruyter, 2001, p. 108 (intervención de STOLLEIS).

[7] ESTEVE PARDO. "La doctrina alemana...", cit., p. 172.

algunos de los grandes escritores del siglo XX[8], y como acertadamente ha descrito HOBSBAWM, para quien "el gran edificio de la civilización decimonónica se derrumbó entre las llamas de la guerra al hundirse los pilares que lo sustentaban", hasta el punto que la vuelta a una Europa estable, liberal y burguesa ya no era posible[9].

Por ello, comprender el período entre 1914 y 1939 implica comprender, en cierta medida, los orígenes y las causas de muchos de nuestros logros, pero también de algunos de los problemas por resolver. En efecto, la importancia de la etapa weimariana radica en la centralidad de dicha experiencia para explicar las complejas relaciones entre sociedad civil e instituciones políticas en una sociedad de masas caracterizada por la presencia de partidos políticos, hasta el punto que, desde el momento en que el modelo del Estado de Bienestar surgido de los restos de los ordenamientos liberal-democráticos empieza a ser cuestionado, el recurso al "caso Weimar" como "encrucijada de interpretaciones y direcciones" se hace cada vez más recurrente[10].

Y es en este contexto en el que debe situarse el reto que aquí se afronta; este trabajo pretende ser una aproximación a un autor clave en la doctrina iuspublicista alemana del período central del siglo XX[11]: ERNST FORSTHOFF. No se quiere en esta sede ex-

---

[8] Nos referimos, por citar sólo algunos ejemplos, a las obras de S. ZWEIG (*El mundo de ayer*), J. ROTH (*La cripta de los capuchinos*), S. MÁRAI (*Confesiones de un burgués*), S. MORGENSTERN (*En otro tiempo. Años de juventud en Galitzia oriental*).

[9] E. HOBSBAWM. *Historia del siglo XX*, Barcelona, Crítica, 2001, p. 30.

[10] LANCHESTER. "Il costituzionalismo tedesco...", cit., p. 269.

[11] Así lo reconocen D. VAN LAAK. *Gespräche in der Sicherheit des Schwiegens. Carl Schmitt in der politischen Geistegeschichte der frühen Bundesrepublik*, Berlin,

poner la totalidad de su obra, pero tampoco limitarse al estudio exclusivo y aislado de su aportación más célebre y profusamente citada: la procura existencial (*Daseinsvorsorge*). Se aspira, por el contrario, a hilvanar un discurso que permita encuadrar al autor en su contexto histórico-político y social para, con ello, intentar comprender, por un lado, qué supuso la teorización, en 1938, de la Administración prestadora (*Leistungsverwaltung*) en relación con las (nuevas) funciones del Estado como consecuencia de la crisis del Estado liberal y, por otro, qué encaje encuentra dicha formulación en la Ley Fundamental de Bonn de 1949, así como en el posterior debate que, a lo largo de los años cincuenta y sesenta, se desencadenó en torno a la (in)compatibilidad entre Estado de Derecho y Estado Social.

Akademie Verlag, 1993, p. 244; K. DOEHRING. "Ernst Forsthoff", en AA. VV. *Juristen im Portrait. Verlag und Autoren in 4 Jahrzehnten: Festschrift zum 225 jährigen Jubiläum des Verlages C.H. Beck*, München, Verlag C. H. Beck, 1988, p. 341; A. MANGIA. *L'ultimo Forsthoff. Scritti 1961/1969 di E.Forsthoff su Costituzione ed amministrazione tradotti e commentati*, Milano, Cedam, 1995, nota bibliográfica, p. 5; H. SCHNEIDER. "Ernst Forsthoff. Berichte", *Die Öffentliche Verwaltung*, n.º 17, 1974, p. 596; B. SORDI. "Il primo e l'ultimo Forsthoff", *Quaderni fiorentini* 25, Milano, Giuffrè, 1996, p. 669; P. HÄBERLE. "Lebende Verwaltung trotz überlebter Verfassung? Zum wissenschaftlichen Werk von Ernst Forsthoff", en P. HÄBERLE. *Beiträge zur Staatsrechtslehre und Verfassungskultur*, Berlin, Duncker & Humblot, 2002, pp. 3 y 11 a 13.
En la misma línea señala quien fuera uno de sus discípulos, K. DOEHRING, que en 1951 el entonces decano de la facultad de Heidelberg y prestigioso filósofo del Derecho, ENGISCH, lo presentó ante los estudiantes como "uno de los más significativos iuspublicistas del momento". Cfr. K. DOEHRING. "Ernst Forsthoff als Hochschullerhrer, Kollege und Freund", en W. BLÜMEL (ed.). *Ernst Forsthoff: Kolloquium aus Anlass des 100. Geburtstags von Porf. Dr. H.C. Ernst Forsthoff*, Wissenschaftliche Abhandlungen und Reden zur Philosophie, Politik und Gesitesgeschichte, Band 30, Duncker & Humblot, Berlin, 2003, pp. 9 y 10.

La elección del tema no es casual. Desde que FORSTHOFF publicara en 1938 su obra *La Administración como prestadora*, los conceptos de "Administración prestadora" y de "procura existencial" no han dejado de estar presentes en todas las cuestiones centrales básicas que se han ido planteando en la doctrina iuspublicista –no sólo alemana sino europea– a lo largo del siglo XX; así, FORSTHOFF es, aún hoy, ampliamente citado, lo que demuestra el éxito de su construcción[12]. Sin embargo, no debe pasarse por alto el hecho de que su aportación va más allá de la teorización de la Administración como prestadora, siendo su obra compleja y, hasta cierto punto, también contradictoria, como no podía ser de otro modo, atendiendo a las características de la época en que le tocó vivir. Y es que, como señalara DOEHRING, FORSTHOFF nació en tiempos del Imperio alemán, estudió y se formó en la época weimariana, obtuvo en casi igual medida reconocimiento y rechazo durante el nacionalsocialismo, y vio nacer y consolidarse el régimen de Bonn al tiempo que vivía su madurez intelectual, hasta su muerte en 1974. El conjunto de todos estos acontecimientos políticos, junto con las corrientes sociales, culturales e intelectuales que los acompañaron, influyeron y determinaron la vida y la obra de FORSTHOFF, cuya inspiración se basó por igual en una aguda capacidad de observación de las transformaciones políticas y sociales y en su profunda consideración por la historia[13].

Retomando la idea con la que se ha abierto esta introducción, lo cierto es que en España no parece haberse despertado un

---

[12] Cfr. por ejemplo el reciente artículo de M. BULLINGER. "El *service public* francés y la *Daseinsvorsorge* en Alemania", *RAP*, n.º 166, 2005.
[13] DOEHRING. "Ernst Forsthoff...", cit., p. 341.

excesivo interés historiográfico por los autores de nuestro pasado más próximo, tal vez por faltar aún la suficiente distancia que permita acometer semejantes investigaciones con la necesaria objetividad; por ejemplo, está pendiente el estudio en profundidad de la mayor parte de juristas de nuestra Segunda República. De igual modo, tampoco puede, creo, hablarse de un surgimiento del interés por los autores alemanes clave[14], como sí ha ocurrido, según se ha dicho, en Italia y en la propia Alemania. Sin embargo, debe señalarse que incluso en estos países el interés parece haberse centrado más específicamente en autores como SCHMITT[15], HELLER o SMEND. FORSTHOFF, algo más joven que los anteriores (fue discípulo de SCHMITT) y cuya obra se extiende a lo largo de más tres decenios clave (desde los años treinta hasta su muerte a principios de los setenta), ha merecido por parte de los estudiosos, comparativamente hablando, una menor atención.

---

[14] El limitado interés que han despertado en época reciente estos autores en nuestro país se ha circunscrito esencialmente al ámbito de la filosofía del Derecho, con alguna excepción en el marco del Derecho administrativo. En este sentido, merece ser mencionado el seminario que, con ocasión del 75 aniversario de la República de Weimar y bajo la dirección del profesor ESTEVE PARDO, tuvo lugar en octubre de 1994 en la Costa Brava bajo el título "La República de Weimar y la Evolución de la Ciencia del Derecho". Un resumen de las ponencias allí presentadas puede consultarse en D. CANALS, G. ORMAZABAL y M. TARRÉS. "Crónica del seminario 'La República de Weimar y la Evolución de la Ciencia del Derecho'", *REDC*, n.º 49, 1997.

[15] Por ejemplo, LANCHESTER pone de relieve cómo el redescubrimiento de SCHMITT en Italia ha llevado a que, entre los años setenta y principios de los noventa, se haya traducido la práctica totalidad de su obra. Cfr. LANCHESTER. "Carl Schmitt, un giurista scomodo", en *Momenti e figure...*, cit., p. 229.

Sin embargo, entiendo que Forsthoff puede considerarse como uno de los grandes iuspublicistas continentales del siglo XX, no sólo –aunque también– por haber teorizado el concepto de procura existencial, sino por el conjunto de toda una obra que refleja muy bien un mundo (y una Administración) en transformación. No es coincidencia, creo, que uno de los grandes administrativistas de nuestro tiempo, el profesor Cassese, lo mencione –al hilo de sus reflexiones sobre las transformaciones del Derecho administrativo en el último siglo– junto a otros tres grandes iuspublicistas europeos como son O. Mayer, S. Romano y M. S. Giannini[16].

Forsthoff concibió la procura existencial como la actividad estatal consistente en la realización de aquellas prestaciones de las cuales el individuo depende para su subsistencia en las sociedades modernas, sociedades en las que se ha operado un cambio de las condiciones vitales y sociales del individuo, como consecuencia de la transición desde una sociedad agraria a una sociedad industrializada. Ciertamente, parte de sus afirmaciones han sido rebatidas o matizadas con posterioridad, pero ello no debe restar importancia a su aportación, más cuando el propio concepto de procura existencial –en tanto que concepto originariamente no jurídico– se caracteriza por su mutabilidad; y es que se trata de un concepto que configura el contenido material de las funciones estatales de prestación de servicios a los ciudadanos, no pudiendo olvidarse que el entendimiento de *qué*

---

[16] S. Cassese. "Tendenze e problemi del diritto amministrativo", ponencia presentada en el XV Congreso Italo-Español de Profesores de Derecho Administrativo sobre "Derecho de la Energía", Sevilla y Córdoba, mayo de 2004, p. 3.

es lo que debe hacer el Estado viene determinado, precisamente, por el momento histórico, social, económico y cultural.

Tratar de precisar, por tanto, el contenido y las funciones que deben entenderse incluidas en el concepto de procura existencial implica intentar responder a la pregunta sobre qué funciones está llamado a cumplir y desempeñar el Estado. Implica, pues, pronunciarse sobre el modelo de Estado al que se aspira. Y lo cierto es que la cuestión sobre las funciones que debe desempeñar el sector público se ha convertido en eje central del debate político y social de los últimos años, coincidiendo con una indiscutible transformación de la sociedad en la que vivimos. Desde la década de los setenta se es consciente de que la época dorada del Estado de Bienestar ha terminado, y de que el pacto keynesiano vigente desde el fin de la Segunda Guerra Mundial –y el consenso social y político derivado de éste– se ha roto.

Ante esta situación han surgido voces que pretenden un cierto retorno al Estado mínimo smithiano, esto es (aunque con matices), a los postulados económicos del siglo XIX. Sin embargo y a pesar de todo, lo cierto es que el Estado de Bienestar no ha podido, a fecha de hoy, ser desmantelado aunque sí profundamente modificado. Se ha abandonado definitivamente el objetivo del pleno empleo, y se ha estimulado notablemente la provisión privada de algunos servicios sociales, si bien éstos siguen subsistiendo con carácter general y salvo menoscabos (relativamente) menores. Pero el pilar del Estado de Bienestar que se ha visto sin duda más afectado es el del mantenimiento de un nivel mínimo de calidad de vida, que ha sido muy debilitado, especialmente para los grupos y clases sociales de rentas bajas, a quienes más han afectado las nuevas políticas y restricciones[17].

---

[17] E. DESDENTADO. *La crisis de identidad del Derecho administrativo: privatización,*

En el centro de todo este debate, pues, se sitúan, hoy como entonces, las mismas cuestiones que preocuparon a Forsthoff en 1938: ¿qué funciones debe desempeñar el Estado?, ¿qué debe (y puede) entenderse por procura existencial?, ¿cómo deben articularse dichas funciones en las sociedades actuales? Del modelo de Estado y de Administración que se asuma depende el contenido material de la respuesta a tales preguntas. Lo cierto es que, a día de hoy, ninguna duda cabe de que el Estado actual se ha saturado y llegado a sus límites, comportando cambios esenciales para el ciudadano-consumidor-usuario. El que la cuestión se centre, para unos, en el desmantelamiento de las instituciones del Estado (el *qué*) y, para otros, en su remodelamiento (el *cómo*), es una cuestión que atañe (y mucho, es cierto) al grado del cambio, no al cambio en sí: en cualquier caso, y desde todas las instancias, no se duda ya de la necesidad de una reformulación profunda de los Estados actuales.

Ante la situación del momento presente adquiere, pues, pleno sentido volver la mirada a nuestro pasado más reciente, pues su estudio y comprensión podrán, sin duda, proporcionar cuando menos algunos elementos para un mayor y mejor entendimiento de los problemas y los retos a los que nos enfrentamos, teniendo en cuenta que "ante cambios de época […] los juristas se percatan de la necesidad de recapitular el sentido del pasado reciente, apelando a una historia que, si bien no proporciona recetas de pronto uso, sí ofrece el beneficio que implica la sedimentación", por lo que "los momentos cruciales del Novecientos deben ser de nuevo recorridos, sin prejuicios ni pudores,

---

huida de la regulación pública y Administraciones independientes, Valencia, Tirant lo Blanch, 1999, p. 156.

en búsqueda de un hilo de Ariadna al que preguntar, con insistencia, por la anhelada respuesta a la pregunta de dónde venimos y, sobre todo, hacia dónde vamos"[18].

II. Algunas consideraciones sobre la crisis weimariana

1. A modo de justificación

El estudio de la obra de un autor no puede limitarse a la exposición de sus ideas. Todo autor, sin duda, vivió en un determinado momento histórico, bajo uno (o varios) sistemas políticos determinados y en un concreto entorno económico-social, espiritual y cultural, circunstancias todas que de un modo u otro tuvieron que influir en su vida y, consecuentemente, en su obra.

---

[18] S. Mannoni, en la recensión a O. Beaud. *Les derniers tours de Weimar. Carl Schmitt face à l'avènement du nazisme*, Paris, Descartes & Cie, 1997, y G. Volpe. *Il costituzionalismo del Novecento*, Bari, Laterza, 2000, en *Quaderni fiorentini* 28, t. 2, 1999, p. 1079. Con una orientación similar presentaba Carro su trabajo sobre la doctrina clásica alemana en torno al debate sobre la personalidad jurídica del Estado. Así, este autor aspiraba a adquirir "una perspectiva teórica que me permita, en otra ocasión, determinar mejor el papel o significado que actualmente puede cumplir el mantenimiento de tal dogma [...] en el tiempo presente": J. L. Carro Fernández-Valmayor. "La doctrina clásica alemana sobre la personalidad jurídica del Estado. Notas de una relectura", en AA. VV. *Administración instrumental. Libro Homenaje al Profesor Clavero Arévalo*, Madrid, Civitas, 1994, p. 849. En el mismo sentido también Lanchester, quien caracteriza la figura del iuspublicista como la de "un técnico que vive en un grupo y se define por la especificidad del propio rol", lo que sin duda exige que tome conciencia del mismo, no sólo situándose en el contexto de la situación histórico-social en la que se mueve sino también controlando críticamente los conceptos y métodos utilizados en ella. Cfr. Lanchester. "Introduzione", en *Momenti e figure...*, cit., pp. XII y XIII.

Por ello, el conocimiento de dicho entorno es imprescindible para una acertada comprensión de sus principales ideas y teorías; faltando aquel no podrán extraerse conclusiones de las mismas, lo que, en definitiva, conducirá a una investigación estéril.

Como se dijo, la vida de Forsthoff abarca los dos primeros tercios del siglo XX: desde los últimos años del Imperio alemán hasta la consolidación del régimen de Bonn, pasando por Weimar, la ascensión del nacionalsocialismo, el segundo conflicto bélico mundial y la reconstrucción alemana de la posguerra. En términos similares cabe hablar de su obra, que recorre, casi como un espejo, el tercio central del Novecientos. De todo este período se han elegido los años de la República weimariana para un tratamiento particularizado y detallado, por cuanto son esenciales para entender la evolución posterior de Alemania y por cuanto son, también, clave para comprender la obra de este autor; y ello a pesar de no tratarse de un autor puramente weimariano[19], como puedan serlo, por ejemplo, Smend o Heller.

Entiendo que situar adecuadamente la aportación de Forsthoff en su contexto requiere un análisis del arco temporal que abarca los años 1918-1933, pero sin olvidar la existencia de una compleja red de relaciones tanto entre la época imperial y Weimar como entre Weimar y el régimen democrático instaurado tras

---

[19] En efecto, su primer trabajo relevante, su escrito de habilitación, data de 1931; su conocido trabajo sobre la Administración prestadora se publica por primera vez en 1938; sus trabajos de Derecho constitucional son, naturalmente, posteriores a la Ley Fundamental de Bonn y sus ensayos sobre la sociedad industrial aparecen sólo a mediados de los sesenta. Una relación completa de la obra de Forsthoff puede hallarse en R. Schnur (ed.). *Festgabe für Ernst Forsthoff zum 70. Geburstag*, München, C. H. Beck'sche Verlagsbuchhandlung, 1972, pp. 495 y ss.

el nacionalsocialismo. En este sentido, nos acogemos a la tesis de LANCHESTER, quien ha puesto de relieve la compleja "relación de continuidad y ruptura en las posiciones de la doctrina iuspublicista del período Imperio-Weimar y Weimar-Bonn"[20], es decir, entre los tres grandes momentos históricos en los que cabe periodificar la historia de Alemania desde su unificación en 1871. Así, y aunque sobre ello tengamos que volver, adelántase que ni el denominado estilo weimariano nace *ex novo* en 1919 (sino que hunde sus raíces en la época imperial, limitándose Weimar a liberar lo ya existente), ni el régimen republicano tuvo la oportunidad de iniciar su andadura libre de los lastres históricos que se arrastraban ya desde el período anterior[21], ni es

---

[20] Se trata de una idea recurrente en la obra de este autor, buen conocedor de la historia constitucional alemana. Idea que, por lo demás, aparece también en las reflexiones sobre su propio país, afirmando, en este sentido, que se ha prestado escasa atención al nexo "continuidad-ruptura que una a la doctrina constitucionalista italiana del régimen con la de la segunda posguerra". Cfr. entre otros, sus trabajos: "Il costituzionalismo tedesco...", cit., pp. 203 a 205, "Le radici di Weimar...", cit., p. 271, e "Il periodo formativo di Costantino Mortati", en LANCHESTER. *Momenti e figure...*, cit., p. 50.

[21] En este sentido, GÁMEZ MEJÍAS pone de relieve cómo la negación de la separación de poderes que caracteriza, en Alemania, el largo período histórico que va desde 1750 a 1918 no desapareció completamente ni siquiera con la Constitución de Weimar, pues desde el punto de vista del Derecho positivo ésta no llegó a reconocer explícitamente la división de poderes. Es cierto que el esquema constitucional instaurado se acercaba al esquema clásico de tres órganos a los que corresponden otras tantas funciones, pero es igualmente cierto que existían numerosas excepciones, así como interacciones funcionales y orgánicas que permiten poner en duda el que se tratara de una auténtica separación de poderes y no, más bien, de una simple división de competencias. Cfr. M. GÁMEZ MEJÍAS. "La división de funciones como superación de la división de poderes en Alemania desde 1750 a 1918 y su

posible comprender el régimen de Bonn y la Alemania de la segunda posguerra sin tener en consideración los problemas y las soluciones intentadas entre 1919 y 1933[22].

A los efectos de este trabajo, creemos que son esencialmente dos los aspectos que interesan y que permiten, precisamente, evidenciar dicha red de relaciones: por un lado, el debate en torno a la forma de gobierno; por otro, la discusión metodológica entre la escuela positivista, dominante en la época imperial, y las nuevas tendencias denominadas realistas o antiformalistas. Vaya por delante que no se pretende más que una exposición general e introductoria a ambas cuestiones; un tratamiento exhaustivo y pormenorizado desbordaría, con mucho, el ám-

---

influencia en la República de Weimar", *Cuadernos de Derecho Público*, n.º 18, 2003, pp. 9 a 53, esp. 11, 51 y 53.

[22] F. LANCHESTER. *Alle origini di Weimar. Il dibattito costituzionalistico tedesco tra il 1900 e il 1918*, Milano, Giuffrè, 1985, pp. 1 a 9 y 32. Este autor pone de relieve cómo temas entonces ya discutidos (gobiernos de coalición, partidos antisistema, sistema electoral, inestabilidad de los gobiernos) son aún hoy objeto de discusión. Por su parte, DREIER concluye que, a diferencia de lo ocurrido tras la Primera Guerra Mundial y el Segundo Imperio, el nacionalsocialismo y el Tercer Imperio se deslegitimaron por sí solos y absolutamente, de modo que el efecto purgatorio fue total y las posturas de nostalgia e idealización del pasado estuvieron prácticamente ausentes. Así, la doctrina iuspublicista alemana tras 1945 se ocupó de la teorización del nuevo Estado y la nueva Constitución, sin duda recurriendo a la tradición jurídica alemana existente, y en la que –ahora sí– las diversas posiciones, también las de mayor perfil estatista o conservador, se ubicaban en el abanico normal y amplio de una democracia funcional. Cfr. H. DREIER. "Die deutsche Staatsrechtslehre in der Zeit des Nationalsozialismus", en AA. VV. *Die deutsche Staatsrechtslehre in der Zeit des Nationalsozialismus*, Veröffentlichungen der Vereinigung der Deutschen Staatsrechtslehrer n.º 60, Berlin y New York, Walter de Gruyter, 2001, pp. 68 y 69.

bito de estudio previamente delimitado y los objetivos que con esta investigación se pretende alcanzar[23].

2. *El debate en torno a la forma de gobierno*

Sin duda alguna, la primaria y principal característica que debe resaltarse del ordenamiento institucional configurado en Weimar es el paso de un Estado autoritario a un Estado basado en la atribución al pueblo de la decisión suprema del ordenamiento. En virtud del nuevo régimen plasmado en la Constitución de 1919, el cuerpo electoral se erige en decisor máximo, en tanto en cuanto elige al Presidente de la República y al Parlamento. Weimar es, pues, la primera experiencia democrática en la historia moderna de Alemania: proclamada el 9 de noviembre de 1918 por el socialdemócrata SCHEIDEMANN, tras una serie de motines, revueltas y revoluciones en el ejército y los Estados de la federación (los consejos de soldados y obreros), se prolonga hasta 1933, si bien –como ha señalado algún autor– el régimen republicano puede considerarse como *de facto* acabado ya un año antes de la subida de HITLER al poder[24]. En cualquier caso, los

---

[23] Se llama la atención sobre el hecho de que el mismo FORSTHOFF es autor de una obra histórica sobre el constitucionalismo germánico moderno. Cfr. E. FORSTHOFF. *Deutsche Verfassungsgeschichte der Neuzeit,* Berlin, Junker und Dünnhaupt, 1940.

[24] ROSENBERG da por finalizada la República en 1930, tras los decretos de urgencia promulgados por BRÜNING, pues en su opinión los acontecimientos de enero de 1933 no aportan, desde una perspectiva histórica, ningún nuevo elemento de juicio, sino que simplemente revelan con mayor nitidez las tendencias existentes desde 1930. Su excelente trabajo permite entender la complejidad del período, al poner de manifiesto la situación en la que se hallaba cada uno de los distintos grupos sociales (grandes indus-

casi quince años de duración de la República arrojan un balance revelador en cuanto al elevado número de gobiernos (diecisiete), lo que da idea de su inestabilidad.

La nueva Constitución sustituye el principio monárquico por el democrático, en virtud del cual el poder emana del pueblo y éste está en la base del ordenamiento. De forma consecuente con dicho principio, todas las instituciones deben fundamentarse, directa o indirectamente, en el pueblo concretizado en el denominado cuerpo electoral. Los partidos políticos, por contra, no aparecen en el texto constitucional más que negativamente, y ello porque la doctrina constitucional alemana del periodo los contempla con gran recelo y desconfianza y no, desde luego, como correas de transmisión de las demandas sociales hacia las instituciones, ni como instrumentos esenciales para la transformación del pluralismo social en pluralismo político.

Por lo que se refiere a los órganos supremos del nuevo sistema, la Constitución se fundamentaba sobre dos técnicas de expresión de la voluntad popular aparentemente opuestas entre sí: la directa, en virtud de la cual el pueblo elegía al Presidente de la República, lo revocaba en su caso y podía influir en la

---

triales, burguesía, terratenientes, proletariado, campesinado, ejército) en el momento en que se debía iniciar la revolución, así como también los problemas que deberá afrontar el nuevo régimen: la debilidad del movimiento socialdemócrata alemán, la incapacidad de la gran masa popular alemana para asumir el autogobierno o la existencia de un aparato burocrático plurisecular que actuaba de forma autónoma y que difícilmente podría ser modificado o reformado. Cfr. A. ROSENBERG. *Storia della repubblica di Weimar*, Firenze, Biblioteca Sansoni, 1973 (trad. de *Geschichte der Deutschen Republik*, Karlsbad, 1925, reeditado en 1961 con el título *Geschichte der Weimarer Republik*, Europäische Verlagsanstalt, Frankfurt am Main), caps. I y II.

legislación vía referéndum o iniciativa legislativa, y la representativa, en virtud de la cual el pueblo escogía a sus representantes al Parlamento cada cuatro años. Al Parlamento correspondía el poder legislativo, el control político del Ejecutivo y el proceso de reforma constitucional, mientras el Presidente de la República ostentaba funciones de representación y el mando supremo de las fuerzas armadas, nombraba y separaba a los funcionarios, tenía poder para disolver el Parlamento y se atribuía las facultades que le otorgaba la polémica cláusula del artículo 48. La Constitución contemplaba, por demás, la existencia de dos cámaras: el Congreso como cámara representativa y órgano legislativo principal, y el Senado, que evidenciaba la componente federal del sistema. Además, y dado que el texto constitucional establecía que el Canciller necesitaba de la confianza del Parlamento para ejercer sus funciones, cabe hablar, hasta cierto punto, de una *parlamentarización* del régimen político por contraposición a la forma de gobierno imperial[25]. Sin embargo, conviene precisar esta afirmación con algo más de detalle.

Por un lado, porque no es exacto afirmar que sólo con el final del período imperial comienza un proceso de *parlamentarización*; de hecho, dicho proceso se había puesto en marcha ya desde los años ochenta del siglo XIX, en clara correlación tanto con las tensiones internas como internacionales. Así, existía desde entonces un fuerte debate y una intensa polémica en torno a la necesidad de democratizar el país mediante la reforma de le ley electoral y, sobre todo, mediante la parlamentarización de la forma de gobierno imperial, lo que en definitiva conducía a la exigen-

---

[25] Cfr. J. A. ESTÉVEZ ARAUJO. *La crisis del Estado liberal: Schmitt en Weimar*, Barcelona, Ariel Derecho, 1989, pp. 40 y 41.

cia de modificación de la Constitución de 1871, que había quedado estrecha a conservadores y a progresistas[26].

Por otro lado, porque el régimen weimariano supuso, en cierta medida, una continuidad del sistema dual imperial, si bien en el marco de una forma de Estado democrático[27]. En efecto, el régimen político del segundo Imperio ha sido calificado por los historiadores como un Estado dual, en cuyo origen debe situarse la existencia de un pacto que impide hablar propiamente de una Constitución otorgada pero sin que pueda, tampoco, entenderse como una verdadera emanación de la voluntad po-

---

[26] Cfr. con carácter general, el detallado análisis de LANCHESTER. *Alle origini di Weimar...*, cit., pp. 88 a 152, así como M. STOLLEIS. *Geschichte des Öffentlichen Rechts, in Deutschland,* Zweiter Band 1800-1914, München, Verlag C. H. Beck, 1992, pp. 447 a 459. STOLLEIS pone de relieve, en una lúcida y sintética exposición, cómo ya al menos tres decenios antes del estallido de la Primera Guerra Mundial, y a pesar de que aparentemente el sistema mantenía el *status quo,* era posible percatarse de que las categorías tradicionales del siglo XIX estaban dejando de tener validez. La cuestión social, la revolución técnica, la difuminación de la separación entre Estado y sociedad, el advenimiento de la democracia de masas, etc. fueron elementos inicialmente advertidos sólo desde sectores reducidos de la sociedad, predominantemente el arte y la filosofía, que manifestarán su oposición al viejo mundo burgués a través de corrientes y movimientos de expresión antiacadémicos e irreverentes.

[27] Ello fue ya observado en su tiempo por LEIBHOLZ, para quien la separación de poderes establecida en la Constitución de Weimar no puso formalmente en duda la forma de gobierno parlamentaria, pero sí creó para la protección del individuo un sistema político de equilibrio a través de complicados contrapesos organizativos. Se trataba de un sistema claramente heredado de la monarquía constitucional en la que contribuían recíprocamente a la formación de la voluntad estatal el Parlamento, por un lado, y el rey y la burocracia, por otro. Cfr. G. LEIBHOLZ. *La dissoluzione della democrazia liberale in Germania e la forma di Stato autoritaria,* Milano, Giuffrè, 1996, pp. 33 y 34.

pular[28]. Los elementos definitorios de este Estado dual pueden sintetizarse, siguiendo a ESTÉVEZ ARAUJO, del siguiente modo: a. Separación entre el ámbito de la legislación y el de la Administración con el consiguiente reconocimiento al Ejecutivo de potestad reglamentaria independiente de la ley; b. Ausencia de responsabilidad política del Ejecutivo, siendo el Gobierno responsable sólo ante el Monarca y no ante el Parlamento y, c. Reconocimiento al Monarca de unas prerrogativas sustraídas a toda normación (incluida la constitucional)[29]. Lo cierto es que el contraste, no exento de tensiones, entre principio monárquico y principio parlamentario estará presente a lo largo de toda la historia constitucional alemana entre 1848 y 1919, siendo uno de los factores que explican la complejidad de la vida institucional alemana del período y erigiéndose en uno de los asuntos pendientes a resolver por el constituyente weimariano.

Dichas características del régimen imperial explican por qué no es correcto hablar de monarquía constitucional sino, a lo sumo, de régimen o de monarquía pseudo-constitucional[30]. En realidad, un sistema como el descrito trae causa, en buena medida, de la tradicional debilidad del liberalismo alemán del siglo XIX, evidenciado en el fracaso de las revoluciones burguesas de

---

[28] Cfr. ESTÉVEZ ARAUJO. *La crisis del Estado liberal*..., cit., pp. 15 y 16. Por su parte, CASANOVAS ha señalado que dicha dualidad venía determinada por el hecho de ser un Estado discrecional en el ámbito político y un Estado jurídico-normativo en el ámbito privado de las actividades económicas. Cfr. P. CASANOVAS. *Gènesi del pensament jurídic contemporani*, Libreria Universitaria 32, Barcelona, Proa, 1996, p. 215.

[29] ESTÉVEZ ARAUJO. *La crisis del Estado liberal*..., cit., pp. 42 y ss.

[30] Ibíd., pp. 12, 13 y 42. Sin embargo, LANCHESTER cuestiona hasta cierto punto el empleo de dicha terminología. Cfr. LANCHESTER. *Alle origini di Weimar*..., cit., pp. 61 a 65.

1848, que no llegaron a poner en duda el principio monárquico ni aspiraron verdaderamente a la consecución de un régimen liberal parlamentario[31]. Así, por un lado, los propios teóricos liberales, carentes de radicalidad en sus ideas, concentraron sus esfuerzos en teorizar la transformación del Monarca desde dominador *por encima* del Estado hasta dominador *en el seno* del Estado sin, por lo tanto, romper con el modelo constitucional establecido[32]. Por otro lado, la burguesía, al ver fracasada en 1848 su doble aspiración a lograr la unidad nacional y a dotarse de una Constitución en sentido moderno, perdió todo interés por la dirección política y redujo sus aspiraciones liberales a asegurarse la legalidad de la actuación estatal en los ámbitos de la libertad personal y de la propiedad[33].

En efecto, es preciso tener presente que en Alemania, las ideas de la Ilustración y del Derecho natural no entroncaron directamente con la acción política ni desembocaron en una revolución, configurando un Estado unitario sobre la base de una igualdad jurídica burguesa (como en Francia), sino que se manifestaron políticamente sólo en tanto que recibidas por la nobleza absolutista germánica y su aparato burocrático, para introducir una serie de reformas que humanizaron la aplicación del derecho, diluyeron el orden de clases en favor de una igualdad formal y acabaron por adaptarse a las necesidades de

---

[31] En este sentido es revelador el hecho de que la Constitución de 1850 fuera una constitución otorgada por el rey, en virtud de la cual éste se erigía en órgano soberano del Estado, aunque el poder legislativo estuviera compartido con unas cámaras elegidas de acuerdo con un sistema electoral censitario. Cfr. CASANOVAS. *Gènesi del pensament...*, cit., p. 213.
[32] LANCHESTER. *Alle origini di Weimar...*, cit., pp. 42 a 44.
[33] ESTÉVEZ ARAUJO. *La crisis del Estado liberal...*, cit., pp. 15 a 18.

la incipiente burguesía. Este proceso no fue, por tanto, en Alemania, el fruto de una revolución política sino el resultado de reformas monárquicas: no se puede hablar de derechos *luchados* y *logrados* desde abajo sino de derechos *otorgados* por unas autoridades condescendientes e ilustradas[34]. STOLLEIS ha sintetizado agudamente el proceso, al afirmar que los conservadores aceptaron una cierta adaptación al "espíritu de la época" (suavizando los elementos más absolutistas del régimen monárquico), mientras que la burguesía centró sus aspiraciones en el ámbito económico, siendo el punto de encuentro de ambos un Estado de Derecho entendido no como sinónimo de libertades políticas, participación ciudadana e igualdad material, sino como concepto formal basado en la garantía de las libertades burguesas y la seguridad jurídica como elementos estabilizadores políticamente y ventajosos desde la perspectiva económica[35].

Retomando de nuevo el cambio operado con el nuevo régimen de Weimar, debe hacerse notar que la reforma institucional fue oficialmente emprendida en enero de 1916 con la creación de una comisión constitucional que, sin embargo, sólo pudo acometer una débil reforma del sistema electoral. Por lo que a

---

[34] H. MAURER. *Allgemeines Verwaltungsrecht*, 13.ª ed., München, Verlag C. H. Beck, 2001, pp. 52 y 153; K. ZWEIGERT y H. KOTZ. *Einführung in die Rechtsvergleichung auf dem Gebiet des Privatrechts*, 3.ª ed., 1996, pp. 134 y 135. Prueba de dicha debilidad a la que aludimos es, junto con el carácter netamente conservador de la estructura estatal de poder, la recurrente negación de la separación de poderes a lo largo de dicho periodo, sólo parcialmente superada mediante los diversos intentos por teorizar una división funcional del poder que, sin embargo, no ponía en duda el carácter único e indivisible del mismo. Cfr. al respecto M. GÁMEZ MEJÍAS. "La división de funciones...", cit., pp. 51 a 53.

[35] Cfr. STOLLEIS. *Geschichte...*, cit., pp. 276 a 278.

la forma de gobierno refiere, se discutió la posible responsabilidad del Canciller frente al Parlamento, sin que llegara tampoco a materializarse cambio sustancial alguno. De hecho, hasta el colapso militar el escenario de referencia continuó siendo el marco imperial. No puede dejar de tenerse presente que el conjunto de las discusiones se desarrollaron paralelamente a un clima de conflicto bélico a escala mundial y tensión revolucionaria, que marcó profundamente el curso del debate institucional y, en definitiva, el cambio de régimen[36].

El punto de inflexión lo constituye el desplome militar de Alemania entre septiembre y octubre de 1918; a partir de este momento, el debate sobre las instituciones alemanas y la reforma constitucional adquirirá nuevas dimensiones que conducirán a la aprobación de diversas leyes de revisión de la Constitución imperial y a la inserción de una previsión en virtud de la cual el Canciller debe contar con la confianza del Parlamento. Al colapso militar seguirá el colapso político (caída del poder monárquico y asunción de funciones gobernativas por parte de una coalición) y la apertura de la fase transitoria que desembocará en la nueva Constitución.

La discusión en la Asamblea Constituyente giró, en buena medida, en torno a la figura del Presidente de la República[37]. La polémica se centró en el enfrentamiento entre la mayoría, que defendía la continuidad de un cierto dualismo en la forma de gobierno parlamentaria, y los que, por el contrario, de-

---

[36] Con carácter general sobre los acontecimientos acaecidos en los años clave (entre 1916-1919) cfr. LANCHESTER. *Alle origini di Weimar...*, cit., pp. 153 a 194.
[37] Cfr. al respecto LANCHESTER. *Alle origini di Weimar...*, cit., pp. 217 a 225.

fendían una concepción monista de tipo parlamentocéntrico. La primera opción, netamente conservadora, buscaba atribuir una mayor carga de tareas y responsabilidades al Presidente de la República, pretendiendo con ello contrarrestar al órgano representativo con un contrapeso de tipo plebiscitario. El resultado final fue formalmente el de un compromiso que, sin embargo, se inclinó desde un primer momento por la tendencia conservadora de atribuir al Presidente cada vez mayores poderes, culminados con la controvertida cláusula del artículo 48.

La parlamentarización del régimen no fue, pues, total, puesto que no se llegó a confiar plenamente en la fuerza del Parlamento y nunca desapareció la convicción de que un Ejecutivo fuerte era indispensable para garantizar una mínima estabilidad, a la vista, sobre todo, de la fuerte fragmentación político-parlamentaria arrastrada ya desde la época imperial. Sobre esta base se creó la ambigua figura de un Presidente de la República fuerte situado en el epicentro de los conflictos que, a medida que avanzaba el régimen weimariano, se fueron desarrollando y agudizando. De hecho, ya al principio de los treinta, la confianza en las instituciones democráticas (tales como la división de poderes, los derechos fundamentales o el mismo proceso de parlamentarización) se había reducido hasta el punto de no considerarlas capaces de superar la crisis[38].

---

[38] LANCHESTER. *Le radici di Weimar...*, cit., pp. 204 y 205. KLEIN pone de relieve que el escepticismo frente al parlamentarismo y a la democracia de partidos estaba extendida más allá de Alemania, si bien es cierto que en ésta el grado de frustración pudo, tal vez, alcanzar niveles más altos, por el desencanto que supuso el fracaso de la experiencia weimariana, que había confiado en que era posible una dirección del Estado por encima de los

En realidad, pues, es un conjunto de problemas diversos pero íntimamente interconectados (desde la competencia y las luchas interpartíticas, la fragmentación del sistema de partidos, el poder de los sindicatos y de los grupos de interés, la pérdida del monopolio estatal en lo político, etc.) lo que en buena medida explica la extrema debilidad del régimen weimariano, envuelto sin remedio en tensiones e inestabilidades que acabaron por precipitarlo al vacío. Así, junto al lastre de la tradición de la época imperial (con su talante autoritario y su ausencia de tradición parlamentaria) es posible identificar cuando menos otra serie de cuestiones conflictivas fundamentales.

Por un lado, debe hacerse notar que el rechazo al régimen weimariano fue generalizado entre prácticamente todos los sectores políticos y sociales: por la oposición nacionalista, que veía el Tratado de Versalles, la Constitución de 1919 y la República de Weimar en su conjunto como el resultado de una traición; por la oposición comunista, que definía el intento de revolución como fallido[39]; por el ejército y la burocracia[40]

---

partidos y los grupos de interés. Cfr. H. H. KLEIN. "Der totale Staat. Betrachtungen zu Ernst Forsthoffs gleichnamiger Schrift von 1933", en W. BLÜMEL (ed.). *Ernst Forsthoff: Kolloquium aus Anlass des 100. Geburtstags von Prof. Dr. H.C. Ernst Forsthoff*, Wissenschaftliche Abhandlungen und Reden zur Philosophie, Politik und Gesitesgeschichte, Band 30, Berlin, Duncker & Humblot, 2003, p. 33.

[39] En este sentido, ROSENBERG afirma que "en conjunto, la estructura política de Alemania continuó siendo, incluso tras los acontecimientos de noviembre de 1918, la propia de una república burguesa". Cfr. A. ROSENBERG. *Storia...*, cit., p. 5.

[40] Es conocido que la Administración burocrática desarrollada a lo largo del siglo XIX sobre la base de un ejercicio de potestades legal, racional y técnico planteó dificultades al régimen weiamariano. Sin embargo y a pesar de

–auténticos pilares del régimen anterior–, que no llegaron a ser convenientemente neutralizados por el gobierno republicano y, por ello, nunca fueron fieles a la República; por la aristocracia terrateniente y la burguesía industrial que, incapaces a lo largo del siglo XIX de aliarse para fundar un partido conservador con un concreto proyecto político, apostaron abiertamente desde 1929 por la solución dictatorial como intento de superación de la crisis[41]. En definitiva, puede afirmarse que el intento weimariano de llevar –por primera vez– a la práctica los principios democráticos fracasó porque no logró enraizar tales valores en el conjunto de la sociedad alemana que, por tanto, no supo entender las exigencias funcionales de un sistema parlamentario pluralista[42].

Por otra parte, la Constitución de Weimar nace como un compromiso entre las distintas fuerzas sociales y políticas, compromiso que generará una yuxtaposición de principios capitalistas y socialistas en la segunda parte del texto consti-

---

algunas voces discordantes, lo cierto es que los gobernantes republicanos no se decidieron a reformar la institución del funcionariado especializado, y ello al menos por dos razones. Por un lado, porque hubiera tenido sentido sólo si hubieran aspirado a un cambio total de la estructura social, cosa que no ocurrió. Por otro lado, porque las tareas de la Administración habían alcanzado un grado de recionalización tal que ésta había devenido autónoma, lo que le hubiera, en todo caso, permitido sortear convenientemente las eventuales modificaciones constitucionales. Cfr. E. FORSTHOFF. "Grundsätzliche Erwägungen zum Beamtenrecht" (Rechtsgutachten Prof. Dr. iur. E. Forsthoff), en AA. VV. *Verfassungsrechtliche Grenzen einer Reform des öffentlichen Dienstrechts. Studienkommission für die Reform des öffentlichen Dienstrecht*, Baden-Baden, Nomos Verlagsgesellschaft, 1973, p. 35.

[41] ROSENBERG. *Storia...*, cit., pp. 199 a 223.
[42] DREIER. "Die deutsche Staatsrechtslehre...", cit., p. 12.

tucional que permitirá, a su vez, todo tipo de interpretaciones y pondrá de relieve la incompatibilidad de tan diversos intereses en cuanto a la Constitución económica se refiere[43].

Además, las aludidas deficiencias en la parlamentarización del régimen anterior derivaron en un desplazamiento del centro de gravedad político desde el centro de poder teórico (el Parlamento) hacia la Presidencia de la República, generándose con ello una grave y peligrosa disociación entre Constitución formal y Constitución material. En efecto, se produjo un notable incremento de los poderes del Presidente respecto de los previstos en el texto constitucional a través de la cláusula del artículo 48 –y de la interpretación que de ella realizaron algunos autores, destacadamente SCHMITT–, que le facultaba para adoptar medidas especiales y para suspender determinados derechos fundamentales, entroncando con la concepción prusiana del estado de excepción. Ello desvirtuaba todavía más el diseño de la división de poderes de la Constitución de Weimar, acelerando la presidencialización del régimen[44].

A este vaciamiento del poder político estatal desde arriba se añade un proceso de vaciamiento desde abajo, como resultado de la acción de los múltiples grupos de interés organizados que contribuyeron, a su vez, a vaciar las competencias constitucionalmente atribuidas al Parlamento[45]. En este sentido, un

---

[43] LANCHESTER pone de relieve cómo la Constitución weimariana –en tanto que yuxtaposición de institutos de origen diverso que intentaban, por un lado, perpetuar las formas de tradición nacional y, por otro y al mismo tiempo, las repelían en un intento por superarlas– era perfectamente capaz de dar lugar a resultados totalmente distintos, dependiendo del equilibrio de fuerzas políticas en el poder. Cfr. LANCHESTER. "Le radici di Weimar...", cit., p. 218.

[44] ESTÉVEZ ARAUJO. *La crisis del Estado liberal...*, cit., pp. 43 a 45.

papel destacado en la discusión del período es el debate en torno a las transformaciones estructurales que el advenimiento de la democracia de masas supuso para el sistema político y para la sociedad en su conjunto[46]. No es éste, sin duda, el lugar adecuado para un estudio en profundidad de este fenómeno; sin embargo, la relevancia del debate sobre la crisis de las democracias liberales europeas, sobre la contaminación entre sistema parlamentario y sistema presidencial y, en fin, sobre la forma de Estado y de gobierno en la nueva sociedad de masas obliga necesariamente a su mención, por cuanto se trata de un tema recurrente en todos los autores de la época.

En efecto, el intento ensayado durante el siglo XIX de consolidar las fuerzas sociales a través de una estructura intermedia como el Parlamento, cuyos miembros tienen por misión interceder en el antagonismo Estado-sociedad (encarnado en la oposición *citoyen-bourgeois*), se vio abocado al fracaso como consecuencia de un conjunto de fuerzas activas (grupos de presión socio-económicos y asociaciones de interés), que introdujeron y conquistaron posiciones político-estatales relevantes, ejerciendo una influencia decisiva sobre la voluntad estatal y minando, con ello, los presupuestos y la misma capacidad funcional de la democracia parlamentaria. El adevenimiento de la democracia de masas presuponía la existencia de partidos políticos que

---

[45] Ibíd., pp. 50 a 52.
[46] El caso weimariano, pese a su peculiaridad, no debe ser aislado del contexto europeo, en el que el conjunto de la doctrina –piénsese en el elitismo de MOSCA, PARETO o MICHELS– se cuestionaba la adecuación y la adaptación de los instrumentos del parlamentarismo clásico a las exigencias de la nueva política de masas. Cfr. LANCHESTER. "Il costituzionalismo tedesco...", cit., p. 274.

pudieran hacer converger a las masas emancipadas de ciudadanos en grupos capaces políticamente y presuponía, de igual modo, que estos mismos partidos intentaran influir en los diputados privándolos de su capacidad de decisión autónoma en el sentido del parlamentarismo clásico. La consecuencia fue la transformación del Parlamento de órgano originariamente representativo a órgano de intermediación plebiscitaria y una pérdida, en toda Europa, de la confianza en el parlamentarismo democrático como mecanismo para resolver conflictos.

A todo ello no fue, desde luego, ajena la doctrina iuspublicista del momento, que en buena medida rechazó el régimen de Weimar, bien explícitamente, bien adhiriéndose a éste sólo como mal menor frente a los excesos nacionalistas y la amenaza revolucionaria[47]. Si bien en muchos casos tras las críticas a la República se apreciaba un rechazo al sistema parlamentario e incluso democrático, no es posible definir la posición de los iuspublicistas alemanes anterior a 1933 como originaria y genuinamente nacionalsocialista, sino que más bien cabe hablar de una desesperanza generalizada ante el descrédito en el que había caído el modelo de democracia liberal. De modo que cuando sobrevino la crisis de 1932 y nadie fue capaz de aportar una solución que se correspondiera al mismo tiempo con el espíritu y con el texto de la Constitución, empezaron a hacer su aparición en la doctrina nuevos conceptos que, ya sí, podían comenzar a vincularse con el movimiento nacionalsocialista[48].

---

[47] ESTÉVEZ ARAUJO. *La crisis del Estado liberal...*, cit., pp. 22 a 32 y 121 a 129.
[48] DREIER. "Die deutsche Staatsrechtslehre...", cit., pp. 13 a 15. Para una exposición detallada sobre la existencia de una doctrina iuspublicista de corte nacionasocialista cfr. ibíd., pp. 24 a 59.

En fin, fue el cúmulo de todas estas circunstancias, unido al temor a que dicha situación desembocara en soluciones de corte radical, lo que, poco a poco, fue abonando el terreno para que cobraran forma explícita propuestas de reforma del régimen de tipo presidencial-autoritario. De hecho, ya a partir de 1930 puede hablarse de una presidencialización *de facto* del sistema a la que ni el ejército, ni la burocracia, ni la mayor parte de los intelectuales alemanes del período se opusieron; así, y si bien no contribuyeron a la toma de poder de los nazis, lo cierto es que poco o nada hicieron para impedirla, intentado más bien adaptarse a ella[49].

Es en este contexto que encuentran no su justificación pero sí explicación una serie de posiciones doctrinales[50] que ampararan y dieran cobertura a tales propuestas de tipo autoritario y, entre ellas, al nacionalsocialismo. Ha señalado KLEIN que si bien no es posible afirmar la existencia, en la Alemania inmediatamente anterior al advenimiento del nacionalsocialismo, de una doctrina iuspublicista germen de éste (una doctrina protofascista), es igualmente cierto que la doctrina de la época no pudo o no supo generar y consolidar una adhesión a los principios democráticos y constitucionales, siendo sólo capaz de postular como *desideratum* el mantenimiento de la unidad del Estado por encima de los grupos sociales y la necesidad de volver al dualismo entre Estado y sociedad que se estaba difuminando peligrosamente[51].

---

[49] ESTÉVEZ ARAUJO. *La crisis del Estado liberal...*, cit., pp. 30 a 32.
[50] Me remito, por lo que a FORSTHOFF se refiere, a lo que sobre su obra *Der totale Staat* se dice en páginas posteriores de este trabajo.
[51] KLEIN. "Der totale Staat...", cit., p. 21.

De hecho, muchos de quienes defendieron este pensamiento conservador-autoritario lo hicieron creyendo que con la subida de HITLER al poder las necesidades del pueblo alemán podrían, por fin, ser ordenadas convenientemente, sin percatarse de que el nacionalsocialismo conducía precisamente a una concepción del Estado (más bien a una disolución del mismo) contraria a la que pretendían defender. A alimentar estas ilusiones ayudó la vaguedad del programa político del nacionalsocialismo y su confusa amalgama de formas de propaganda, que dejaba abierta la puerta a diversas interpretaciones y que, sobre todo, contribuyó a fomentar la creencia de muchos de poder influir en el proceso de solución de la crisis. A pesar, pues, de que aparentemente este grupo de autores intentó utilizar el nacionalsocialismo como solución a los problemas que el sistema weimariano había generado, lo cierto es que acabó escapando a su control como, de hecho, escapó a cualquier intento por disciplinarlo normativamente[52].

3. La "discusión metodológica"

Por "discusión metodológica" (*Methodenstreit*) se entiende el debate que, en los años veinte y treinta del siglo pasado[53], opuso

---

[52] Ibíd., pp. 26 y 35. En el mismo sentido también DREIER. "Die deutsche Staatsrechtslehre…", cit., pp. 18 a 20, quien señala que, si bien a partir de 1934 ya no cupieron dudas al respecto –en el sentido de que un tipo de Estado de derecho (bien que autoritario) en el que continuara funcionando la justicia anclada en las concepciones clásicas de la división de poderes ya no era realizable– era también demasiado tarde para alzar la voz.

[53] Tradicionalmente se considera el discurso de investidura de TRIEPEL, "Teoría del Estado y Política", como rector de la Universidad de Berlín, en 1926, como

a la vieja escuela positivista una nueva concepción basada en el reclamo a los valores, la ruptura de la identidad entre Derecho y Ley y la consideración de elementos históricos, sociológicos y políticos que aproximasen el dato jurídico al dato social. En este sentido, puede hablarse también de una crisis de la Teoría del Estado (e incluso de una crisis general del Derecho), por cuanto, tras la crisis institucional que había acabado con el principio monárquico, el método jurídico había evidenciado todas sus limitaciones, y con ello que se cuestionaba y ponía en duda era la misma relación existente entre Estado y Derecho[54].

En realidad, resulta más preciso hablar de una serie de concepciones y posiciones nuevas que, bajo denominaciones diversas (antiformalistas, antipositivistas, espiritualistas, realistas)[55], agrupaban a un amplio y más que heterogéneo grupo de académicos, cuyo único nexo de unión era, precisamente, la crítica al formalismo y al método jurídico. Más allá de dicha crítica existía una pluralidad de tonos y de opciones, tanto metodológicas

---

el punto de inflexión que marca "oficialmente el distanciamiento de la vieja doctrina positivista". Cfr. LANCHESTER. "Carl Schmitt, un giurista scomodo...", cit., pp. 230 y 231.

[54] G. GOZZI. *Modelli politici e questione sociale in Italia e in Germania fra Otto e Novecento*. Annali dell'Istituto storico italo-germanico, Monografia 9, il Mulino, Bologna, 1988, p. 281.

[55] De hecho, ya desde finales del siglo XIX cabría hablar de un conjunto de escuelas que se enmarcarían dentro de esta "reacción antiformalista": la obra tardía de IHERING, la jurisprudencia de intereses de HECK o RÜMELIN, la escuela del Derecho libre de EHRLICH y KANTOROWICZ y algunos miembros de la denominada Segunda Escuela alemana de Derecho Público (GIERKE). Lo que une a todos estos autores es la reflexión sobre la articulación entre Derecho, Estado y sociedad y una mayor sensibilidad hacia las relaciones entre ellos. Cfr. el riguroso análisis de CASANOVAS. *Gènesi del pensament...*, cit., pp. 229 a 255, y también STOLLEIS. *Geschichte...*, cit., pp. 376 a 378.

como de contenido: los distintos autores no defendían teorías similares, ni compartían una misma orientación política ni, sobre todo, fueron capaces de construir una alternativa al positivismo[56]. Así, con la Primera Guerra Mundial desaparece el vasto grupo de juristas que en el periodo que va de 1750 a 1918 habían puesto sólidas bases y cimientos a la construcción jurídica del Estado liberal burgués, y entra en escena una nueva y excepcional generación (de MERKL a SCHMITT, pasando por SMEND, TRIEPEL o HELLER) que, desde muy distintas ópticas y opciones ideológicas, advertirá "la necesidad de una puesta a punto bien compleja de los instrumentos de la doctrina anterior a la guerra o, simplemente, reclamará la creación de nuevo utillaje en el marco de un pensamiento también nuevo"[57].

Sin embargo, sólo la parte crítica de tales planteamientos resultó fecunda; su componente constructiva, en cambio, debe considerarse fallida, puesto que ninguno de sus miembros planteó con éxito una alternativa sólida ni fue capaz de construir una

---

[56] Cfr. por ejemplo F. LANCHESTER. "Carl Schmitt e la storia costituzionale" en ÍD. (ed.). *Momenti e figure...*, cit., p. 249, quien afirmaba que "como es sabido, no existía unidad metodológica entre los mayores exponentes del antiformalismo weimariano", por lo que "la reacción antipositivista contiene, de hecho, una carga revolucionaria que puede ser utilizada de modo distinto". En el mismo sentido, ESTÉVEZ ARAUJO afirma que es erróneo establecer una correlación entre la actitud de los iuspublicistas weimarianos respecto del positivismo y sus posiciones políticas: ni puede afirmarse que los positivistas promovieran el ascenso de HITLER al poder –piénsese en KELSEN– ni la concepción formalista era la única compatible con la Constitución de Weimar. Cfr. ESTÉVEZ ARAUJO. *La crisis del Estado liberal...*, cit., pp. 224 a 227, y también DREIER. "Die deutsche Staatsrechtslehre…", cit., pp. 67 y 68.

[57] Cfr. F. SOSA WAGNER. *Maestros alemanes del Derecho público (I)*, Madrid, Marcial Pons, 2002, p. 234.

metodología que lograra entre los demás el consenso suficiente para sustituir los postulados anteriores[58]. Es, pues, desde este punto de vista desde el que, más allá de buscar responsabilidades personales en algo que es de evidente responsabilidad colectiva[59], es preciso preguntarse cómo una doctrina como la alemana de aquel período –que puede ser definida como una élite de dominio burguesa pero no nacionalsocialista, y cuyo nivel intelectual y científico era más que sobrado– pudo sucumbir a las presiones del nacionalsocalismo, permitiendo con ello que Weimar fracasara[60].

La reacción antipositivista iba esencialmente dirigida contra la denominada Escuela alemana de Derecho Público[61], que

---

[58] ESTÉVEZ ARAUJO. *La crisis del Estado liberal...*, cit., p. 93.
[59] SORDI. "Il primo e l'ultimo... ", cit., p. 670.
[60] Cfr. "Aussprache und Schlussworte", en AA. VV. *Die deutsche Staatsrechtslehre...*, cit., pp. 109 (intervención de STOLLEIS) y 122 (intervención de HÄBERLE).
[61] La etapa positivista no es propia ni exclusivamente alemana. Está presente también en Italia, encarnada esencialmente en la figura de V. E. ORLANDO. Éste, receptor de la doctrina alemana de la Escuela de Derecho Público, fue el principal introductor del método jurídico en el Derecho público italiano, abriendo con ello una "nueva fase" y una "ruptura o corte neto en la evolución de la iuspublicística italiana del Ochocientos". Cfr. FIORAVANTI. "La scienza italiana di diritto pubblico...", cit., pp. 202-205 y 211-213. De gran interés también, por los paralelismos y referencias a la doctrina alemana, es el artículo de MASSERA. "L'influenza della cultura tedesca sulla prolusione orlandiana", *Rivista trimestrale di diritto pubblico* 4/1989. Ineludible la clásica obra de CASSESE sobre cultura y política en el Derecho administrativo, quien pone de relieve el cambio que, en el último ventenio del siglo XIX, experimentó la ciencia jurídico-administrativa italiana; los denominados autores preorlandianos, caracterizados hasta entonces por el uso de la literatura francesa frente a la alemana, así como por un amplio y difundido interés por la historia, la política y la filosofía, abandonan resultados, métodos e incluso la entera cultura de la época precedente, y recomienzan desde

se inicia propiamente con una famosa recensión de ALBRECHT a una obra clásica de MAURENBRECHER y se encarna plenamente en la denominada línea GERBER-LABAND[62]-JELLINEK (si bien este último con matices[63]), así como también contra quien se consideraba el seguidor de dicha línea, el austriaco HANS KELSEN[64]. Con carácter general puede afirmarse que este grupo de juristas defendía la búsqueda de una objetividad que prescindiera de la experiencia histórica y del dato real, rechazaba toda metafísica que fuera más allá del hecho dado de antemano y no tenía en consideración el momento de la transformación de dicho dato real. Ello no estuvo, por supuesto, desvinculado ni del contexto político general europeo ni de las peculiares características del siglo XIX alemán.

Uno de los elementos definitorios del contexto histórico-político del siglo XIX europeo es, sin duda, la distinción entre Estado y

---

premisas totalmente distintas e inversas. Cfr. S. CASSESE. *Cultura e politica del diritto amministrativo*, Bologna, il Mulino, 1971, pp. 12-19.

[62] Sobre estos dos autores cfr. STOLLEIS. *Geschichte...*, cit., pp. 331 a 337 y 341 a 348.

[63] En efecto, JELLINEK incorporará al positivismo labandiano la contemplación social del Estado, distinguiendo entre Teoría general social del Estado y Teoría general jurídica del mismo. El mantener ambas dimensiones estrictamente separadas le permite mantener la autonomía científica del Derecho al tiempo que tener en consideración las ciencias sociales. Cfr. al respecto SOSA WAGNER. *Maestros alemanes...*, cit., pp. 195 a 202; CASANOVAS. *Gènesi del pensament...*, cit., pp. 274 a 277; y STOLLEIS. *Geschichte...*, cit., pp. 450 a 455.

[64] A. ABIGNENTE. "Il contributo di Rudol,f Smend ed Hermann Heller al dibattito weimariano su Diritto e Stato", *Quaderni fiorentini*, XXI, 1992, pp. 213 a 216. Señala este autor que la teoría kelseniana retomará, consciente o inconscientemente, la tradición jurídica del Ochocientos al colocar a la Norma Fundamental como origen último y presupuesto dado e indemostrable de la unidad del Derecho.

sociedad como dos órdenes con sus propios mecanismos de regulación internos y sus propias expresiones y coberturas constitucionales: al Estado corresponde el ejército, la Administración burocrática y la monarquía; a la sociedad, la representación popular o la autonomía municipal[65]. De esta dualidad derivará, entre otras, la marcada tensión entre principio monárquico y principio democrático, una tensión (que se explica por no estar aún bien resuelta la cuestión de la legitimidad del sistema) no ajena al resto de países europeos pero que en Alemania sigue una vía peculiar, por cuanto se intenta neutralizar mediante su conversión en problemas de alcance y porte exclusivamente jurídico y, muy particularmente, mediante la incorporación del concepto de personalidad jurídica –arquetípico instituto del Derecho privado– al Derecho público y, seguidamente, su atribución al Estado[66].

En efecto, el fracaso de la Revolución alemana de 1848 supuso el inicio de la expansión del positivismo jurídico. La burguesía abandona el idealismo y pierde la confianza en las posibilidades de lograr el Estado nacional al que aspiraba, marcando el inicio un pensamiento político acomodado a las exigencias de

---

[65] J. ESTEVE PARDO. "La personalidad jurídica en el Derecho público y la dialéctica Estado-sociedad. Perspectiva histórica", en AA. VV. *Administración instrumental. Libro Homenaje al Profesor Clavero Arévalo*, Madrid, Civitas, 1994, pp. 871 y 872.

[66] El recurso a técnicas y construcciones elaboradas en el Derecho privado es usado como vía para neutralizar tensiones claramente públicas e incluso político-constitucionales, puesto que aquéllas, ancladas en una sólida y dilatada tradición, se presentan como un dato incuestionable, consecuencia de la garantía que representa "la órbita externa y prestigiada de la que proceden, ajena al conflicto al que se pretenda dar respuesta". Cfr. ESTEVE PARDO. "La personalidad jurídica…", cit., pp. 872 a 875.

las relaciones de poder. Como señala STOLLEIS, los acontecimientos de 1848-1849 marcaron decisivamente la disposición con la que una entera generación de fuerzas burguesas tuvo que afrontar la nueva realidad. De forma paralela, los iuspublicistas del período intentarán alejarse de dicha realidad cotidiana y del diálogo político diario mediante la construcción de una ciencia jurídica despolitizada y, por tanto, aislada de presiones tanto desde abajo (ataques revolucionarios) como desde arriba (ataques autocráticos o absolutistas)[67].

GERBER y LABAND, pues, propugnaron la necesidad de construir un sistema científico y autónomo de Derecho público. Para su construcción consideraban necesario colocar al Estado como sujeto jurídico central de la ciencia iuspublicista (clásica cons-

---

[67] Vid. STOLLEIS. *Geschichte...*, cit., pp. 275 a 277, y SOSA WAGNER. *Maestros alemanes...*, cit., pp. 41 a 44. En el mismo sentido, CARRO ha puesto de relieve cómo la primera doctrina alemana sobre la personalidad estatal (ZACHARIAE, VON MOHL) se esforzó por acentuar el carácter jurídico de la teoría del Estado, así como también el cambio que supuso en la posición del monarca absoluto la afirmación de la personalidad jurídica del Estado por parte de ALBRECHT; éste, si bien no llega a afirmar la soberanía estatal como soberanía popular, tampoco la equipara con la persona del monarca quien, por tanto, pasará a ser uno de los varios órganos estatales sometidos al bien común que es, en definitiva, el Estado. Por otra parte, las posteriores aportaciones de GERBER, LABAND y JELLINEK sobre la limitación del poder estatal y, respecto de este último, sobre el concepto de derechos subjetivos de los ciudadanos, lejos de poder ser catalogadas globalmente como una construcción autoritaria sin más deben ser entendidas, en el contexto en el que se desarrollaron, como una importante contributo al entendimiento de las relaciones entre el poder estatal y los individuos como verdaderas relaciones jurídicas. Cfr. CARRO FERNÁNDEZ-VALMAYOR. "La doctrina clásica alemana...", cit., pp. 850 a 853 y 869, y también A. SANTAMARÍA PASTOR. *Fundamentos de Derecho administrativo*, Madrid, Centro de Estudios "Ramón Areces", 1991, pp. 151 y 152.

trucción de la personalidad jurídica del Estado), propugnaban el uso de categorías iusprivatistas (en tanto que conceptos generales del Derecho) para llevar a cabo dicha construcción y defendían, influidos por el concepto de realidad propio de las ciencias naturales, un método estrictamente científico en el tratamiento dogmático del Derecho positivo, que excluyera toda consideración histórica, filosófica o política[68].

Tales posturas positivistas sirvieron de sustrato sobre el que se asentó, primero, la Monarquía prusiana y, después, el Segundo Imperio; en definitiva, constituyeron los fundamentos científico-filosóficos que justificaron el Estado liberal burgués surgido de las revoluciones de finales del XVIII y primera mitad del XIX. En efecto, la doctrina ha señalado cómo la dogmática alemana de la segunda mitad del siglo XIX contribuyó expresamente a la construcción del Estado dual del Segundo Imperio. CASANOVAS afirma, siguiendo a W. WILHELM, que la función jurídico-política del método jurídico y de la doctrina del Derecho público consistió primordialmente, al menos desde 1870, en legitimar las relaciones del Derecho público del recién fundado Imperio (afirmación de los principios monárquico-conservadores y de la política antiliberal bismarckiana), asegurando con ello su existencia y excluyendo cualquier crítica política contraria[69]. En

---

[68] Así, FIORAVANTI señala que, por fin, los juristas se apropiaron de la Teoría del Estado, hasta entonces centrada en elementos histórico-filosóficos. Cfr. FIORAVANTI. "La scienza italiana di diritto pubblico...", cit., p. 202.

[69] La doctrina del Derecho público acabó por obtener rango de doctrina oficial incontestable, pues la construcción labandiana sirvió para dar una explicación jurídica de una realidad concreta como fue la del nuevo Imperio alemán, realidad políticamente ya consolidada y que ahora debía consolidarse también jurídicamente. Cfr. CARRO FERNÁNDEZ-VALMAYOR. "La doc-

la misma línea, MORTATI ha señalado cómo SCHMITT, acérrimo enemigo del método positivista, denunció la ilusión del apoliticismo, esto es, cómo bajo la aparente y pretendida pureza del método del positivismo jurídico del Ochocientos se escondía un intento por ocultar los fines políticos que a dicho método se conectan, así como los valores inherentes a la estructura social en la que se inspira[70].

No puede olvidarse, como se ha dicho, que en la concepción del Derecho mantenida por los positivistas se contiene también una determinada concepción de la sociedad y de las relaciones de ésta con el poder político: relaciones y vínculos que, amparados en una pretendida y necesaria racionalidad, permitían excluir del Estado cualquier elemento de conflictividad o tensión política y social, por lo que, de la misma manera, la nueva dialéctica entre Estado y sociedad –que afloraba ya desde la segunda mitad del siglo XIX– quedaba también excluida de la investigación de los juristas[71]. Por todo ello puede afirmarse

---

trina clásica alemana...", cit., pp. 858 a 860, y CASANOVAS. *Gènesi del pensament...*, cit., pp. 194 y 217.

[70] Cfr. C. MORTATI. "Brevi note sul rapporto fra costituzione e politica nel pensiero di Carl Schmitt", *Quaderni fiorentini* 2, 1979, pp. 513 y 514. De igual forma y en relación con la recepción del positivismo y el método jurídico en el Derecho público italiano, FIORAVANTI ha puesto de relieve cómo ORLANDO pretendía, a través del aislamiento del momento jurídico hasta sus últimas consecuencias, "salvar, en un determinado momento histórico, la esencia última del ideal del Estado jurídico [...] protegerlo del marasma de conflictos políticos y sociales, crear una especie de último baluarte". Por su parte, CASSESE llama la atención sobre el hecho de que el positivismo conlleva, sin duda, una impronta o componente reaccionaria, al proclamar la insensibilidad por los ideales sociales como objetivo y colocar al jurista en una posición conservadora. Cfr. CASSESE. *Cultura e politica...*, cit., pp. 39 y 40; FIORAVANTI. "La scienza italiana di diritto pubblico...", cit., p. 236.

que fue la tradición del pensamiento jurídico anclada en el método jurídico lo que impidió, a muchos juristas, percatarse de las transformaciones del Estado y la sociedad. El positivismo de la segunda mitad del siglo XIX, con sus construcciones dogmáticas de contenido esencialmente liberal, constituyó, en cierta medida, un obstáculo para la comprensión por parte de los juristas "del marcado carácter estructural de la crisis del Estado liberal clásico"[71]. Como veremos, este reproche es una constante en la obra de FORSTHOFF, para quien las estructuras y formas del Derecho administrativo del siglo XIX, en tanto que concebidas en el marco del Estado liberal burgués y por juristas de impronta positivista y formalista, resultan inadecuadas en el nuevo contexto surgido de los procesos de industrialización y urbanización de las sociedades modernas.

De igual forma, la crisis del positivismo y la aparición de tendencias antiformalistas responden, en buena medida, a una

---

[71] Ibíd., p. 217. Asimismo, CASSESE ha señalado cómo el positivismo llevó al extremo la concepción garantista del Derecho administrativo como estudio de la ley, por lo que se acabó, a su vez, desembocando en una concepción del Derecho administrativo como estudio sólo de aquella parte del fenómeno administrativo legislativamente regulado. Cfr. CASSESE. *Cultura e politica...*, cit., pp. 37 a 39.

[72] Cfr. FIORAVANTI. "La scienza italiana di diritto pubblico...", cit., pp. 213 a 217 y 237 a 239. Este autor habla incluso de la responsabilidad que el formalismo y la abstracción dominantes en la ciencia jurídica a principios del siglo XX tienen en la constatada incapacidad de los juristas del periodo de percatarse y analizar toda una serie de cuestiones relevantes que iban apareciendo en el cambiante cuadro de los primeros años del siglo XX. Sin embargo, considera también que dicha abstracción y formalismo pueden entenderse, hasta cierto punto, como un intento de respuesta a la crisis del Estado liberal clásico, por lo que sería tal vez conveniente una relectura de los autores del último Ochocientos.

crisis del modelo de Estado y a una transformación de las relaciones hasta entonces imperantes entre éste y la sociedad civil. La crisis de la doctrina del Estado respondía, pues, a la crisis de una determinada idea de Estado en la que éste quedaba reducido a producto del ordenamiento jurídico; sin embargo, con el fin del Imperio dicho concepto aparecía como una categoría vacía de contenido que debía urgentemente hallar nuevas formas de legitimidad. Como señala GOZZI, la crisis institucional del Segundo Imperio hacía insostenible el hasta entonces consustancial dualismo entre Estado y sociedad civil, por lo que la doctrina iuspublicista weimariana se vio ante el reto de elaborar una nueva doctrina del Estado y del Derecho público sobre la base de nuevos fundamentos[73].

Tal y como se ha dicho, ya desde la segunda mitad del siglo XIX los postulados liberales clásicos se transforman significativamente: se inicia un proceso de integración entre Estado y sociedad, en virtud del cual pasan a considerarse elementos del Estado una serie de personas hasta entonces situadas en la realidad social (por ejemplo, los municipios) y, al mismo tiempo, el incipiente surgimiento de la Administración prestacional y del Estado social elevan la complejidad del aparato estatal de tal forma que la interpenetración Estado-sociedad deviene irremediable[74]. Se abre un período presidido por importantes cambios en las condiciones de vida del individuo y del grupo social, por

---

[73] GOZZI. *Modelli politici...*, cit., pp. 289 y 290. A tal efecto, este autor pone como ejemplos paradigmáticos de dicho esfuerzo, por un lado, la teoría de la integración de SMEND y, por otro y desde una perspectiva totalmente diversa, el normativismo kelseniano.

[74] ESTEVE PARDO. "La personalidad jurídica...", cit., pp. 876 y 877.

el desarrollo demográfico y tecnológico, por los fenómenos de urbanización e industrialización: el cambio de siglo supone el tránsito, magistralmente descrito por GIANNINI, desde un Estado *monoclase* a un Estado *pluriclase*.

Por todo ello, las reacciones antiformalistas, sobre todo las del primer tercio del siglo XX, deben considerarse como el surgimiento de una nueva manera de pensar y concebir los problemas jurídico-políticos, acorde con el nivel de conflictividad social del momento. Es el mismo desarrollo socio-económico del proceso productivo el que pone de relieve sus contradicciones estructurales, al tiempo que despierta la conciencia social de la clase obrera y hace emerger el antagonismo social, de modo que se hace imprescindible un cambio en los fines del Estado y las tareas que a éste corresponden, tareas que ya no pueden limitarse a la tutela de las libertades personales y de la propiedad privada. En realidad, pues, el rechazo al modelo del Ochocientos suponía el rechazo a un modelo que "sencillamente, se percibía como demasiado simple para fundamentar y solucionar los problemas a los que se estaba enfrentando el Derecho"[75].

Y es que no debe pasarse por alto la complejidad de los cambios que el inicio del siglo XX supuso para la teoría jurídica, una teoría que se veía empujada, por una parte, a conservar y mantener las viejas convicciones y estructuras mientras que, por otra, en cambio, se veía arrastrada por la necesidad de tener que ofrecer alguna respuesta a las modificaciones que la relación entre Estado y sociedad estaba experimentando[76]. Este contraste y,

---

[75] CASANOVAS. *Gènesi del pensament...*, cit., pp. 252 y 253.
[76] FIORAVANTI. "La scienza italiana di diritto pubblico...", cit., p. 230.

sobre todo, las contradicciones que irremediablemente de él se derivan, se hace patente en aquellos autores que, poco después, se verán en la obligación y la necesidad de teorizar el nuevo contexto, por ser precisamente ellos quienes se encuentren, frente a frente, con la nueva realidad surgida de los restos y las cenizas del Estado liberal clásico. FORSTHOFF ocupa, aquí, un lugar privilegiado.

III. ERNST FORSTHOFF: VIDA Y OBRA

1. *Ernst Forsthoff: una breve presentación*

FORSTHOFF nace en Duisburg-Laar en septiembre de 1902, en el seno de una familia protestante, y muere en Heidelberg en agosto de 1974. Estudia Derecho en las universidades de Friburgo de Brisgovia, Marburgo y Bonn, donde entra en contacto con CARL SCHMITT, quien será determinante en su decisión de dedicarse al Derecho público y con quien se doctorará, convirtiéndose, durante las primeras décadas de vigencia de la Ley Fundamental de Bonn, en el más importante e influyente de entre sus discípulos[77].

Se habilita en 1930 con un trabajo sobre las corporaciones de Derecho público, ocupando sucesivamente las cátedras de Frankfurt del Main (1933, en sustitución de HELLER), Hamburgo (1935), Köningsberg (1936), Viena (1941) y Heidelberg (1943), debiendo abandonar ésta en 1945 como consecuencia de una

---

[77] A. MANGIA. "Nota bibliografica", en MANGIA. *L'ultimo Forsthoff. Scritti 1961/1969 di E. Forsthoff su Costituzione ed amministrazione tradotti e commentati*, Milano, Cedam, 1995, p. 39, y D. VAN LAAK. *Gespräche in der Sicherheit...*, cit., p. 240.

ordenanza dictada por el gobierno de ocupación estadounidense. Se reintegrará a la vida académica, en la misma universidad, en 1951, retomando temas cuyo tratamiento había iniciado en años anteriores y elaborando, también, su teoría sobre la incompatibilidad constitucional entre Estado de Derecho y Estado Social, que tantas críticas le valdrá[78].

Una de sus primeras obras es el polémico *El Estado total*, un escrito de corte político que realizó por encargo de un partido conservador –no el nacionalsocialista– y que conoció dos ediciones, una en mayo de 1933 y otra en verano de 1934. KLEIN la ha definido como un ambicioso intento por influir en el (ya en marcha) proceso de formación del nuevo orden nacionalsocialista[79], suponiendo al mismo tiempo una apelación a la nación para que tome conciencia de los valores que le son propios –y es en este sentido en el que debe incardinarse el concepto de responsabilidad total del Estado que FORSTHOFF postula en dicho trabajo[80]. Este nuevo Estado se caracterizaría por la superación de los valores y conceptos del Estado liberal clásico que, en su opinión, había sido superado y vaciado de contenido, atomizado, minimizado[81]. Parece que este Estado total del primer FORSTHOFF

---

[78] MANGIA. "Nota bibliografica", cit., p. 40.
[79] KLEIN. "Der totale Staat...", cit., p. 27.
[80] DOEHRING. "Ernst Forsthoff...", cit., p. 342
[81] KLEIN. "Der totale Staat...", cit., pp. 27 a 33. Para FORSTHOFF, el liberalismo condujo el Estado de Derecho al campo de los conceptos vacíos, a un Estado sin contenido que, a pesar de su alto rango espiritual, estaba totalmente superado. Y ello no sólo a la vista del claro fracaso weimariano y de su Constitución, sino también a la luz de la creciente dependencia del individuo del Estado (aunque no será hasta 1938 cuando FORSTHOFF formule explícitamente su teoría de la procura existencial).

trae causa de la frustrada experiencia weimariana y de la percepción que de ella tuvo nuestro autor. En efecto, para FORSTHOFF la introducción en la Constitución de Weimar del parlamentarismo democrático y de la garantía de numerosos derechos fundamentales (esencialmente los derechos sociales) derivó en un Estado sin sustancia y dominado por un proceso político que permitía a las mayorías parlamentarias ejercer libremente su voluntad, por lo que vio en el Estado aspirado por el Tercer Imperio la solución a dichos problemas y el final del proceso de formación del Estado nacional iniciado en el siglo XIX[82].

Ello no justifica, sin embargo, el sentimiento antisemita que destila esta obra, en la que se contiene una mención a los judíos como "ajenos" (*Fremdlinge*) a este nuevo concepto de Estado o, incluso, como enemigos (*Feinde*), si con su presencia o actuación ponían en peligro o vulneraban el espacio vital del pueblo alemán. A ello parece subyacer su temor a que un exceso de tolerancia frente a las opiniones divergentes llevara a la disolución del pueblo alemán y de su unidad, por lo que llegará, incluso, a justificar determinadas acciones de limpieza emprendidas por el gobierno hitleriano –si bien en la segunda edición de *El Estado total* suprimió esta parte y rechazó explícitamente las leyes raciales de 1933-1938. Esta inicial actitud antisemita ha sido calificada por DOEHRING[84] como "un error jurídico, po-

---

[82] Cfr. KLEIN. "Der totale Staat...", cit., pp. 27 y 28, y también LAAK. *Gespräche in der Sicherheit...*, cit., p. 241, nota a pie de p. 6, y p. 242.

[83] KLEIN. "Der totale Staat...", cit., p. 31.

[84] DOEHRING justifica lo afirmado por FORSTHOFF en 1933 alegando que éste fue, en cierta medida, víctima del espíritu de sus tiempos. Cfr. DOEHRING. "Ernst Forsthoff...", cit., p. 342. La semblanza que DOEHRING realiza de quien fuera su maestro es excesivamente laudatoria y, pese al indiscutible inte-

lítico y humano" del que el propio FORSTHOFF fue perfectamente consciente y que nunca le fue perdonado por el mundo académico alemán de la posguerra[85].

A la vista de ello, están plenamente justificadas, desde una perspectiva política, las críticas a FORSTHOFF, por su –cuando menos– simpatía por el nacionalsocialismo. En la clasificación que DREIER realiza de los iuspublicistas alemanes del periodo atendiendo a su posición frente al nacionalsocialismo, FORSTHOFF es incluido en el grupo de aquéllos que sin declararse explícitamente (ni afiliarse) seguidores del nacionalsocialismo, sí se

---

rés que presenta, no puede dejar de llamarse la atención sobre la falta de objetividad en algunos puntos, lo que obliga a la lectura de la misma con ciertas reservas. Una opinión similar a la de DOEHRING la expresa también KLEIN, quien literalmente define a FORSTHOFF como "una víctima de un ambiente globalmente antisemita que –no sólo en Alemania– fue ganando terreno desde finales del siglo XIX y del que tan buen provecho supo sacar HITLER". Cfr. KLEIN. "Der totale Staat...", cit., pp. 36 y 37. Es interesante la lectura de las diversas intervenciones que siguieron a las ponencias de DREIER y PAULY en la reunión anual de profesores de Derecho administrativo; en particular, las intervenciones de DOEHRING y BACHOF. Así, el primero mostraba una mayor comprensión frente a la actitud de algunos juristas controvertidos del momento: la fascinación por el nuevo régimen unida a la situación de crisis económica llevaron a muchos a sucumbir ante éste y a no percatarse de lo que se avecinaba. Para el segundo, en cambio, si bien admite la existencia de dicha fascinación, ello no constituía justificación para el caso de grandes juristas consagrados como era el específico de SCHMITT. Cfr. "Aussprache und Schlussworte", en AA. VV. *Die deutsche Staatsrechtslehre...*, cit., pp. 110 y 111.

[85] DOEHRING relata, entre otros sucesos, las críticas que periódicos ingleses lanzaron contra su nombramiento como magistrado del Tribunal Constitucional de Chipre o la retirada –debido a presiones a causa de su pasado político– de la propuesta de la Universidad de Viena de nombrarle doctor *honoris causa*. Cfr. DOEHRING. "Enrst Forsthoff...", cit., pp. 13 a 16.

posicionaron del lado del nuevo sistema, no optando, pues, ni por el exilio (forzado o voluntario) ni por el retiro interior. Sin embargo, DREIER señala expresamente respecto de aquel grupo que en algunos casos "como el de FORSTHOFF la fascinación no duró mucho"[86]. Y por su parte, SORDI lo califica ciertamente como un jurista próximo al régimen pero "más generacional que orgánicamente"[87]. Prueba de ello puede ser, tal vez, lo afirmado en la mencionada reunión de de profesores alemanes del año 2000; en las ponencias allí presentadas, así como en el debate subsiguiente, la figura de FORSTHOFF aparece mencionada no por su posicionamiento político sino por ser padre de uno de los pocos avances que la doctrina de aquel momento fue capaz de legar a la ciencia jurídica[88].

Puede convenirse con KLEIN –pero no sin cierta condescendencia– que FORSTHOFF sucumbió inicialmente a la fascinación por un Estado fuerte y autoritario que pudiera actuar de forma independiente de los particulares intereses de la sociedad, a los que lograría dominar. En este sentido, insistió, incluso en

---

[86] DREIER. "Die deutsche Staatsrechtslehre...", cit., p. 17.
[87] SORDI. "Il primo e l'ultimo...", cit., p. 670.
[88] Léase al respecto la transcripción del debate que siguió a las ponencias de DREIER y PAULY y, en particular, las intervenciones de BÖCKENFÖRDE y HOLLERBACH, para quienes el concepto de procura existencial debe ser considerado como uno de los grandes logros de esa época. Cfr. "Aussprache und Schlussworte", en AA. VV. *Die deutsche Staatsrechtslehre...*, cit., pp. 126 y 133. El mismo PAULY, en su ponencia, se refería a dicho concepto como "un avance de deslumbrante carácter". Cfr. W. PAULY. "Die deutsche Staatsrechtslehre in der Zeit des Nationalsozialismus", en AA. VV. *Die deutsche Staatsrechtslehre in der Zeit des Nationalsozialismus,* Veröffentlichungen der Vereinigung der Deutschen Staatsrechtslehrer n.º 60, Berlin y New York, Walter de Gruyter, 2001, pp. 97 a 99.

la segunda edición de su *El Estado total*, en considerar el Estado nacionalsocialista como una vuelta del pueblo alemán a un verdadero concepto de Estado, aunque también es cierto que dicha insistencia se vio, en cierto modo, compensada por sus intentos de dotar a dicho Estado de una estructura que consiguiera, por así decirlo, "domarlo", someterlo a cauces jurídicos[89]. Para FORSTHOFF el Estado total, en cuanto expresión de la "totalidad de lo político", era algo más que el mando o la dirección del "líder" (*Führer*); así, mientras que el movimiento (nacionalisocialista) podía basarse sólo en la persona del líder, el Estado, en tanto que vinculado a tradición, ley y orden, no[90]. De todo ello es indicativo el hecho de que en las filas de la ortodoxia nacionalsocialista no acabara de cuajar la concepción y las formas que FORSTHOFF postulaba, como tampoco encajaban en ella la racionalidad y formalismo jurídico con que nuestro autor acometió sus investigaciones, sobre todo desde y durante la guerra[91].

---

[89] KLEIN. "Der totale Staat...", cit., pp. 22 y 32 a 36. En el mismo sentido, señala STOLLEIS que *El Estado total* es, sin duda, un escrito antiburgués, antiformal y negador del concepto de libertad, pero que se mantiene alejado de la pura arbitrariedad. Cfr. M. STOLLEIS. *Geschichte des Öffentlichen Rechts in Deutschland*, Dritter Band 1914-1945, München, Verlag C. H. Beck, 1999, p. 202.

[90] PAULY. "Die deutsche Staatsrechtslehre...", cit., pp. 80 y 81.

[91] M. RONELLENFITSCH. "Daseinsvorsorge als Rechtsbegriff. Aktuelle Entwicklungen im nationalen und europäischen Recht", en W. BLÜMEL (ed.). *Ernst Forsthoff: Kolloquium aus Anlass des 100. Geburtstags von Porf. Dr. H.c. Ernst Forsthoff*, Wissenschaftliche Abhandlungen und Reden zur Philosophie, Politik und Gesitesgeschichte, t. 30, Berlin, Duncker & Humblot, 2003, pp. 56 y 60. Este autor señala que, de hecho, el concepto de Administración prestadora de FORSTHOFF, en el que ésta se somete al derecho, encajaba poco en la concepción nacionalsocialista del mundo y del Derecho, del mismo modo que no encajaba tampoco el intento forsthoffiano de establecer una Administración altamente burocratizada, vinculada a la ley y separada del

Es innegable, pues, la participación de FORSTHOFF, durante los primeros años treinta y con cierta asiduidad (bajo distintos pseudónimos), en diversas publicaciones y revistas de corte nacional-conservador; pero es igualmente cierto que poco después rechazará expresamente el régimen nacionalsocialista[92], refugiándose en el estudio de cuestiones puramente de Derecho administrativo (es en este contexto en el que cabe situar su famoso artículo "La Administración como prestadora", de 1938) o en investigaciones interdisciplinares como "Derecho y lengua"[93]. El discurso de SCHMITT en un seminario celebrado en 1936, en el que propugnaba la estricta separación de los académicos judíos, le llevó a un radical alejamiento de su maestro, pero sólo hasta 1945 y en lo relativo a la parte de su obra que propugnaba el fin del Estado liberal y la sustitución de éste por una democracia plebiscitaria o por una dictadura comisaria[94]. Por lo demás, y sin que a FORSTHOFF se le deba considerar estrictamente sucesor o heredero de SCHMITT, siempre continuó ligado a la figura de su maestro (a quien agradeció haberle introducido en el mundo del Derecho y a quien se sentía, también, unido por un destino inmerecido y un tratamiento injusto recibido por las potencias vencedoras en 1945)[95] y a su obra, lo que le valió no pocas críticas.

---

    principio de caudillaje. Cfr. también DREIER. "Die deutsche Staatsrechtslehre...", cit., p. 17 nota a pie de p. 39.

[92] En una carta dirigida a E. WOLF en 1945 el propio FORSTHOFF se expresaba en los siguientes términos: "en un primer momento deposité muchas esperanzas en el nacionalsocialismo valorándolo positivamente; sin embargo en 1935 me percaté de mi error convirtiéndome en decidido opositor al mismo". Cfr. KLEIN. "Der totale Staat...", cit., p. 32, nota a pie de p. 43.

[93] ESTEVE PARDO. "La doctrina alemana...", cit., p. 178.

[94] MANGIA. "Introduzione", en *L'ultimo Forsthoff...*, cit., pp. 18 a 20.

Fue precisamente este tratamiento, que le apartó del ejercicio de la docencia entre 1945 y 1951 (al impedírsele el reintegro en la cátedra de Heidelberg), lo que contribuyó a que el fruto de las reflexiones de aquellos años, su *Tratado de Derecho administrativo*, viera la luz en 1950[96]. El éxito fue indiscutible –conoció hasta diez ediciones–, colocándole de nuevo en primera línea de la doctrina iuspublicista alemana[97] y proporcionándole prestigio también a nivel internacional, con traducciones a varios idiomas, entre ellos el castellano. Es curioso darse cuenta de cómo en dicho trabajo FORSTHOFF enlaza de forma natural con algunos de sus trabajos anteriores y en los que, en buena medida, había definido ya su concepto de Derecho administrativo[98].

Sin embargo, sería incompleto limitar la obra científica de FORSTHOFF al Derecho administrativo. Su importante contribución al Derecho constitucional a través, fundamentalmente, de un conjunto de escritos recogidos posteriormente en *Estado de derecho en transformación* (*Rechtsstaat im Wandel*, 1964) y en *El Estado de la sociedad industrial* (*Staat der Industriegesellschaft*, 1971), en los que analiza cuestiones relativas a la interpretación constitucional

---

[95] DOEHRING. "Enrst Forsthoff...", cit., pp. 17 y 18.
[96] RONELLENFITSCH. "Daseinsvorsorge als Rechtsbegriff...", cit., p. 55. En el mismo sentido también SCHNEIDER. "Ernst Forsthoff. Berichte...", cit., p. 596.
[97] W. BLÜMEL. "Schlusswort", en ÍD. (ed.). *Ernst Forsthoff: Kolloquium aus Anlass des 100. Geburtstags von Porf. Dr. H.C. Ernst Forsthoff*, Wissenschaftliche Abhandlungen und Reden zur Philosophie, Politik und Geistesgeschichte, t. 30, Berlin, Duncker & Humblot, 2003, p. 118.
[98] Así se expresa en el prólogo al Tratado el propio FORSTHOFF, en referencia explícita a su trabajo –que califica como punto de partida– sobre la Administración prestadora. Cfr. E. FORSTHOFF. *Tratado de Derecho Administrativo* (trad. a cargo de LEGAZ LACAMBRA, GARRIDO FALLA y GÓMEZ DE ORTEGA Y JUNGE), Madrid, Instituto de Estudios Políticos, 1958, p. 7.

y a la (in)compatibilidad constitucional entre Estado de Derecho y Estado Social, está fuera de toda duda, por más que defendiera una posición minoritaria y enfrentada a la del Tribunal Constitucional en cuestiones, entre otras, como la cláusula del Estado social contenida en la Ley Fundamental de Bonn o la eficacia de los derechos fundamentales.

Algún autor ha puesto de relieve que, tal vez por no haber sido estudiado tan profusamente como otros autores, FORSTHOFF sigue siendo, aún hoy, tanto en Italia como en Alemania, una figura controvertida y sobre la que pesan diversos estereotipos, fruto de valoraciones que sólo consideran algunos de los muchos aspectos de su producción científica[99]. Así, se le ha considerado un continuador de las reflexiones de SCHMITT pero en el marco de las democracias industriales avanzadas[100], un representante del conservadurismo reformador[101] o un teórico de la Administración interventora, cuyo mérito radica en haber sabido encontrar cauce jurídico a un conjunto de observaciones sociológicas[102]. Ante esta diversidad de opiniones estereotipadas sobre la figura de FORSTHOFF, parece imprescindible y, sin duda, de innegable utilidad dar a conocer, de forma sistemática, una parte de su obra.

---

[99] MANGIA. "Introduzione", cit., p. 3; SORDI. "Il primo e l'ultimo...", cit., p. 676.
[100] MANGIA. "Introduzione", cit., p. 3, siguiendo a ORTINO.
[101] LAAK. *Gespräche in der Sicherheit...*, cit., p. 246.
[102] L. MARTÍN-RETORTILLO. "La configuración jurídica de la Administración Pública y el concepto de Daseinsvorsorge", *RAP*, 1961, p. 60.

2. Ernst Forsthoff: su obra

En 1959 el profesor Forsthoff publicaba un pequeño libro bajo el título *Cuestiones jurídicas de la Administración prestadora* (*Rechtsfragen der leistenden Verwaltung*) con el objetivo de volver a hacer accesible al público su conocido trabajo "La Administración como prestadora", escrito en 1938 y cuya edición se había agotado años atrás. *Cuestiones jurídicas de la Administración prestadora* es, en realidad, un compendio de artículos procedentes de momentos distintos: junto a los capítulos más importantes del trabajo de 1938, reproducidos íntegramente y sin modificación respecto al texto original, se incluyen otros dos artículos sobre el mismo tema –la procura existencial– escritos a finales de los cincuenta. En éstos Forsthoff intenta caracterizar la procura existencial desde una perspectiva más actual y, especialmente, determinar cuáles son sus fronteras para evitar, con ello, que se convierta en un concepto vago y, por tanto, inútil.

El propio Forsthoff afirmaba ser consciente de la especial significación que aquel trabajo había adquirido para la moderna dogmática del Derecho administrativo, lo que recomendaba en 1959 su publicación sin modificación o reelaboración alguna. Ahora bien, de igual modo subrayaba también que aquel trabajo había sido escrito y formulado atendiendo a una situación concreta, la de 1938, lo que exigía contextualizar convenientemente algunas de las afirmaciones entonces realizadas[103]. Ha

---

[103] Léase al respecto el breve prólogo del autor: "Vorwort", en E. Forsthoff. *Rechtsfragen der leistenden Verwaltung*, Stuttgart, W. Kohlhammer Verlag, 1959. En concreto, Forsthoff refiere expresamente a su afirmación de que "los derechos fundamentales pertenecen al pasado", en un claro intento por depurar el texto de reminiscencias nacionalsocialistas.

señalado DOEHRING lo curioso que resulta el que "La Administración como prestadora" apenas tuviera eco en el momento de su publicación y sólo a partir de 1945 el mundo académico se sintiera repentinamente fascinado por cuanto en esa pequeña gran obra se afirmaba. RONELLENFITSCH ha explicado este hecho amparándose en la poca aceptación que la obra de FORSTHOFF tuvo, ya desde el primer momento, entre el sector más ortodoxo del nacionalsocialismo, lo que en su opinión propició que el nuevo concepto de la procura existencial tampoco tuviera, inicialmente, una gran acogida[104].

En cualquier caso, el éxito de su construcción es innegable y viene demostrado y avalado por el hecho de que, aún hoy, se le cita profusamente, dentro y fuera de Alemania. Así, en uno de los clásicos manuales de Derecho administrativo alemán, el de H. MAURER, se señala –en el epígrafe sobre las épocas de la historia de la Administración Pública y, más concretamente, en el subapartado dedicado a la Administración del Estado social de Derecho del siglo XX– que "con la publicación de su trabajo en 1938, FORSTHOFF fue el primero en llamar la atención sobre la evolución y desarrollo de la denominada Administración prestadora, al describir mediante el concepto de procura existencial los deberes estatales de provisión de los bienes y prestaciones necesarias para una existencia humana razonable y adecuada [...] La noción de procura existencial se ha convertido con el tiempo en un bien común pero también, y debido tanto a su relevancia jurídica como a su ámbito y alcance material, en un concepto discutido"[105].

---

[104] Cfr. DOEHRING. "Ernst Forsthoff...", cit., p. 346, y RONELLENFITSCH. "Daseinsvorsorge als Rechtsbegriff...", cit., pp. 62 y 63. .

FORSTHOFF fue, desde luego, un agudo observador de la realidad social de su tiempo y de cómo las profundas transformaciones que en ésta estaban teniendo lugar influían en la ciencia del Derecho público y en la Administración Pública. Del estudio de su obra se desprende su capacidad para captar los procesos históricos y sociales *in fieri*, esto es, paralelamente a su mismo discurrir, incluso anticipándose a algunos de ellos[106], una extraordinaria agudeza en el análisis jurídico y una riqueza interdisciplinar en todas y cada una de sus reflexiones ciertamente fuera de lo común. Como ha señalado SCHNEIDER, su análisis y observaciones van más allá del ámbito estricto del derecho positivo, mostrando un jurista capaz de extender su mirada al conjunto de las ciencias sociales y a la realidad social y política en cuanto tal[107]. Sin duda ello no contribuye, ni mucho menos, a facilitar la lectura de su producción científica; en este sentido, coincidimos con MANGIA en que FORSTHOFF es un autor complejo, pero también –o quizás por ello– fascinante.

---

[105] MAURER. *Allgemeines Verwaltungsrecht...*, cit., pp. 16 y 17.
[106] Por ejemplo, sus acertadas reflexiones en torno a la técnica y a los efectos de ésta sobre la Administración, o cómo fue capaz de prever, ya en 1964, el importante papel que las administraciones públicas iban a jugar en el proceso de construcción europea. Cfr. respectivamente E. FORSTHOFF. "Anrecht und Aufgabe einer Verwaltungslehre", en en el compendio de artículos: ÍD. *Rechtsfragen der leistenden...*, cit., pp. 56 a 63, e ÍD. "Trasformazioni strutturali della democrazia moderna" (trad. italiana a cargo de A. MANGIA del texto "Strukturwandlungen der modernen Demokratie", publicado en *Schriftenreihen der Juristen Gesellschaft*, Berlin, Walter de Gruyter, 1964, y reproducido posteriormente en *Rechtsstaat im Wandel. Verfassungsrechtliche Abhandlungen*, 2.ª ed., München, Verlag C. H. Beck, 1976. La traducción de MANGIA se ha realizado sobre este último texto y se ha publicado en MANGIA. *L'ultimo Forsthoff...*, cit., p. 160).
[107] SCHNEIDER. "Ernst Forsthoff. Berichte...", cit., p. 597.

Consideramos que la obra forsthoffiana puede estructurarse en torno a tres grandes núcleos temáticos fuertemente entrelazados entre sí. Un primer núcleo se halla compuesto por su producción genuinamente administrativa y en ella ubicaríamos, junto a la parte general de Derecho administrativo contenida en el Tratado, la conocida teorización de la procura existencial y la descripción de las nuevas funciones a desempeñar por la Administración en su faceta de Administración prestadora. El segundo núcleo temático sería el relativo a su producción constitucional, una producción incompleta por cuanto limitada a unos pocos grandes temas, pero sin duda cuidadosamente escogidos por su papel en la discusión doctrinal del momento e incluso, en muchos casos, por su importancia en el debate constitucional actual[108]. El tercer y último gran núcleo temático en su producción científica giraría en torno a su concepto de Estado en sentido amplio, incluyéndose en este apartado un conjunto de escritos a primera vista heterogéneos, pero tras los cuales es posible vislumbrar una fuerte preocupación por el Estado en cuanto forma específica de organización. Así, por lo que refiere a este tercer núcleo, FORSTHOFF se ocupará de cuestiones como

---

[108] Así, ha señalado HERDEGEN que FORSTHOFF tuvo la valentía de centrar su análisis en unos pocos temas de gran trascendencia como son, entre otros, la preocupación por la difuminación entre Estado y sociedad, el vaciamiento del Estado de Derecho debido a una hipertrofia de pretensiones sociales, la debilidad de la propia representación estatal o los peligros que comporta la libre actuación de una jurisdicción constitucional "desbocada". Cfr. M. HERDEGEN. "Ernst Forsthoffs Sicht vom Staat", en W. BLÜMEL (ed.). *Ernst Forsthoff: Kolloquium aus Anlass des 100. Geburtstags von Porf. Dr. H.C. Ernst Forsthoff*, Wissenschaftliche Abhandlungen und Reden zur Philosophie, Politik und Geistesgeschichte, t. 30, Berlin, Duncker & Humblot, 2003, p. 42.

el progreso científico-tecnológico y los riesgos que para el Estado conlleva, la evolución de las relaciones entre Estado y sociedad, la evolución de los partidos políticos y su papel en las modernas democracias, la crisis del parlamentarismo y los problemas de legitimidad democrática a que da lugar, las relaciones entre Gobierno y Administración, entre otros[109].

Por otra parte, merecen también una mención algunos trabajos del autor que no hallan fácil encaje en ninguno de los tres campos temáticos esbozados: por un lado, determinados escritos de tipo interdisciplinar como el mencionado *Derecho y lengua* o su *Historia moderna del Derecho alemán* y, por otro, sus primeros trabajos (escritos a lo largo de la década de los treinta) y, entre ellos, su polémico *El Estado total*.

En las páginas que siguen se presentan las principales cuestiones que definen la producción forsthoffiana en relación con los dos primeros núcleos temáticos, dejándose esencialmente de lado –salvo referencias marginales– el estudio de su concepción del Estado en cuanto forma de organización. Se analizará, en primer lugar qué es lo entendió dicho autor, en 1938, por procura existencial, y cómo dicho concepto fue evolucionando en su pensamiento. Se estudiarán, asimismo, sus principales escritos de Derecho constitucional y, en particular, sus reflexiones

---

[109] Buena parte de estas reflexiones se hallan recogidas en la recopilación de escritos que el mismo FORSTHOFF preparó y publicó, poco antes de su muerte, bajo el sugerente título *El Estado de la sociedad industrial*. Que el objeto central respecto del que giran todas estas reflexiones es el Estado se desprende no sólo del título de la obra sino, sobre todo, del escrito que FORSTHOFF eligió para abrir dicha recopilación: su trabajo "Evocación del Estado" puede considerarse como una lección de historia, Teoría del Estado y sociología política en torno a la evolución del Estado.

en torno a los derechos fundamentales, la interpretación constitucional y el concepto de Estado social. No pretendemos trazar una línea nítida e infranqueable entre su producción iusadministrativista y su producción en materia constitucional, sino todo lo contrario: exponer los puentes y los puntos de contacto entre ambos aspectos de su obra, pues entendemos que sólo así es posible una correcta comprensión de su pensamiento. En este sentido, la estructuración del trabajo por la que se ha optado persigue esencialmente una finalidad de claridad expositiva, y no la catalogación cerrada y rígida de su obra en distintas "casillas temáticas", aisladas las unas respecto de las otras.

IV. La procura existencial

1. Introducción

Entiendo que para una adecuada comprensión de la parte de la obra forsthoffiana que en este apartado se trata es preciso exponer, en primer lugar –aun cuando ello no siempre coincida con el orden expositivo seguido por el autor–, los cambios sociales en los que Forsthoff fundamenta la aparición y la funcionalidad de la procura existencial (así como las nuevas funciones de la Administración que a ésta vinculará).

En un primer momento se creyó conveniente exponer la obra relativa a la procura existencial en dos partes, coincidentes con los dos períodos en los que Forsthoff trabajó dicha materia; sin embargo, finalmente se ha considerado más apropiado una presentación conjunta, si bien con las debidas matizaciones. Y ello porque entendemos que su construcción jurídica de la procura existencial no varía sustancialmente a lo largo del tiempo. Sí aprecia el autor cambios sociales, políticos y económicos entre la década de los treinta y la de los cincuenta, lo que le llevará, ciertamente, a introducir modificaciones por lo que al entendimiento de la procura existencial refiere; pese a ello, creemos que no sólo es posible sino también conveniente una exposición conjunta de su obra al respecto. No puede hablarse en FORSTHOFF de dos concepciones distintas de la procura existencial sino de una sola, teorizada a lo largo de más de veinte años –por lo que es precisa la consideración de la situación política, económica y social de cada momento– de forma esencialmente coherente.

2. Las transformaciones sociales

Para FORSTHOFF la Revolución Industrial es el hecho clave que representa un punto de inflexión en la historia: los procesos de industrialización cambian completamente las estructuras de trabajo y los modos de vida, conllevando una explosión demográfica sin precedentes que, a su vez, genera importantes movimientos poblacionales del campo a la ciudad. Este aumento de población se caracteriza por el fenómeno de la concentración: la gente se concentra en las ciudades –en ellas está el trabajo–, y se concentra en fábricas cada vez más grandes –donde se desarrollan largas jornadas laborales–; y, finalmente, se concentra también en sus casas, cada vez más pequeñas, para con ello hacer frente al crecimiento de los núcleos urbanos.

Estas nuevas circunstancias cambian, pues, el entorno social en el que se desarrollan las relaciones sociales (será, desde entonces, preferentemente urbano), y cambian también el entorno vital en el que dichas relaciones tienen lugar. Al hilo de la descripción de tales cambios, FORSTHOFF utiliza un par conceptual de gran importancia en relación con la modificación del entorno vital de las personas: se trata de la contraposición entre espacio vital dominado (*beherrschter Lebensraum*) y espacio vital efectivo (*effektiver Lebensraum*). El primero se caracteriza por ser el espacio que el individuo considera y siente como propio (esto es, el espacio sobre el que puede verdaderamente ejercer un dominio o control), mientras que el segundo hace referencia al espacio en el que la vida del individuo se cumple y realiza efectivamente. Los cambios sociales actúan sobre el entorno vital reduciendo el espacio vital dominado del individuo y, por contraposición, aumentando o dilatando su espacio vital efectivo (debido a los modernos medios de comunicación, a la posibilidad de superar grandes distancias y de extender las relaciones vitales). Se genera así lo que FORSTHOFF denomina modo de vida de ámbito dilatado; esto es, reducción del propio espacio vital dominado y ampliación del ámbito vital efectivo[110].

La reducción del entorno vital dominado del individuo implica, correlativamente, que cada vez son menos los bienes que dicho individuo puede proveerse a sí mismo y más los que deberá proveerse desde fuera. Ello coloca al sujeto en la necesidad de relacionarse con otros individuos para proveerse de los bienes que necesita y no posee, bienes cuyo número aumenta en proporción a la disminución del entorno vital dominado del individuo; en definitiva, se produce una disociación entre el sujeto y los bienes básicos para su vida, esto es, se abre una brecha entre el espacio vital dominado y el espacio vital efectivo, brecha que

---

[110] Cfr. con detalle E. FORSTHOFF. "Die Daseinsvorsorge als Aufgabe der modernen Verwaltung", en ÍD. *Rechtsfragen der leistenden...*, cit., pp. 24 y 25.

el desarrollo tecnológico-industrial no hace sino incrementar[111]. En este punto, FORSTHOFF introduce el concepto de necesidad social (*soziale Bedürftigkeit*)[112], definida como la situación en que

---

[111] FORSTHOFF. "Die Daseinsvorsorge als Aufgabe...", cit., p. 25. Señala FORSTHOFF que la dependencia del individuo de factores que escapan a su poder empieza ya en el siglo XIX, pero no se manifiesta en todas sus consecuencias porque la economía libre de mercado aún funcionaba, no existía paro estructural y las dos esferas Estado-sociedad eran aún autónomas y diferenciadas. A partir de la Primera Guerra Mundial dicho proceso se hace observable, al quebrar el sistema económico y necesitar el individuo que el Estado garantice su seguridad y su existencia. Ello hace que la política económica tenga que ser, a la vez, política social y no únicamente en el sentido de mantener o garantizar el funcionamiento económico, sino de configurarlo, asegurando una relación adecuada entre salarios y precios. Cfr. E. FORSTHOFF. "Problemas constitucionales del Estado Social", en E. FORSTHOFF, W. ABENDROTH y K. DOEHRING. *El Estado Social*, Madrid, Centro de Estudios Constitucionales, 1986, pp. 47 a 50. El trabajo referido de FORSTHOFF data de 1961.

[112] FORSTHOFF. "Die Daseinsvorsorge als Aufgabe...", cit., p. 26. Es importante tener en cuenta que para FORSTHOFF necesidad social no es equivalente a previsión o asistencia vital a quien se halla en situación precaria y ante necesidades apremiantes. En principio, la necesidad social es independiente de la posición económica y se relaciona con las formas de vida modernas del individuo, en el sentido de que toda persona depende, hoy en día, de ellas (¡también un poderoso empresario!). Por ello la procura existencial incluye la asistencia vital pero no sólo, siendo un concepto de ámbito más amplio. Cfr. al respecto FORSTHOFF. "Folgerungen", en ÍD. *Rechtsfragen der leistenden...*, cit., p. 43. Posteriormente, en 1958, FORSTHOFF se manifestará en el mismo sentido, al entender que el Estado de la sociedad industrial debe hacerse cargo, por un lado, de aquéllos que no puedan ser acomodados dentro del ámbito funcional de la sociedad industrial (inválidos, enfermos, viejas y niños) pero también, por otro lado, de todos los que por razones extraeconómicas, propias de la forma de vida moderna, no puedan ser debidamente insertados en la sociedad industrial. Cfr. FORSTHOFF. "Einleitung", en ÍD. *Rechtsfragen der leistenden...*, cit., p. 18.

se halla quien debe proveerse de los abastecimientos vitales no por medio de la utilización de cosas propias (de las que carece), sino por medio de la "apropiación", término que toma expresamente de WEBER. Así, cuanto mayor es el espacio vital dominado, mayor es la existencia independiente del hombre (pues en dicho espacio halla los abastecimientos necesarios para una existencia relativamente asegurada) y, consecuentemente, menor su necesidad social; por el contrario, si el espacio vital dominado se reduce, la dependencia del individuo aumenta y, lógicamente, aumenta también su necesidad social[113].

Para FORSTHOFF, la clave está en el modo y los medios en que tiene lugar la afirmación de la existencia humana dentro del ámbito social. Así, el hombre del Estado liberal es un individuo que vive en una sociedad autónoma y autorregulada, lo

---

[113] Estas reflexiones encuentran un sorprendente paralelismo en el pensamiento sociológico de DUGUIT –a quien FORSTHOFF cita expresamente en más de una ocasión–, quien amparándose en la "formidable transformación económica" acaecida en la segunda mitad del siglo XIX, en virtud de la cual "la economía nacional sustituye a la economía doméstica", observa, igual que FORSTHOFF, cómo "el pequeño grupo familiar no puede asegurar la satisfacción de las necesidades humanas", cómo "está ya lejos el tiempo en que cada uno transportaba su persona y sus cosas por sus propios medios. Hoy, cualquiera que sea la clase social a la que se pertenezca, cada cual pide el transporte de las personas y de las cosas a los grupos que desempeñan este servicio". Y ello porque, como consecuencia de "los descubrimientos científicos y de los progresos industriales, las relaciones entre los hombres han llegado a ser tan complejas y tan numerosas, y tan íntima la interdependencia social", que si las "necesidades de primordial importancia, como, por ejemplo, las relaciones postales, los transportes, el alumbrado, cuya satisfacción está asegurada por organismos vastos y muy complejos" dejaran de ser satisfechas se generaría " una perturbación profunda que pondría en peligro la vida social misma". Cfr. L. DUGUIT. *Las transformaciones del Derecho público*, Madrid, 1926, pp. 44 a 46 y 103.

que le proporciona la seguridad de saberse protegido y le otorga, a su vez, seguridad en sí mismo; se trata también, por ello, de un ciudadano autónomo que procura su propio bienestar, exigiendo del Estado el respeto a unas esferas de libertad (igualdad ante la ley, libertad de residencia, propiedad privada, protección ante arresto o detención, libertad de opinión, asociación, reunión, enseñanza, creencia y religión) y la protección frente a la arbitrariedad y a las injerencias injustificadas en dichas esferas. Sin embargo, señala, buena parte de los presupuestos sobre los que se asentó dicho Estado han resultado ser falsos, o bien han perdido toda vigencia con las transformaciones sociales del siglo XIX. Éstas dan lugar a un individuo que ya no se afirma y realiza por medio de la garantía de su libertad individual, sino por medio de la participación, siendo el aseguramiento jurídico de dicha participación en las prestaciones de la Administración lo que permite eliminar los riesgos generados por el desarrollo de la forma de vida urbana[114].

Es en este contexto en el que se encuadra su controvertida afirmación de que los derechos fundamentales pertenecen a la historia[115]; al decir esto, FORSTHOFF rechaza un entendimiento

---

[114] FORSTHOFF. "Folgerungen...", cit., pp. 35 a 42. Por su parte, DUGUIT constata que, como consecuencia de las transformaciones socio-económicas mencionadas, a los poderes públicos no se les demanda ya tan sólo "el servicio de guerra, policía o justicia, sino servicios muy numerosos y muy variados, de los cuales muchos tienen carácter industrial [...] por lo que se impone la necesidad de un sistema de derecho público "que dé un fundamento y una sanción a esta obligación positiva. Pero en este respecto el sistema fundado sobre la noción de soberanía adolece inevitablemente de una impotencia irremisible". Cfr. DUGUIT. *Las transformaciones*..., cit., pp. 82 a 86.

[115] FORSTHOFF. "Die Daseinsvorsorge als Aufgabe...", cit., p. 22. Como hemos dicho, más tarde rechazará explícitamente esta concepción.

puramente liberal de los derechos fundamentales, aludiendo a la superación del Estado liberal clásico y de los derechos y libertades típicamente burgueses que le son inherentes. Entiende con ello que las garantías típicamente liberales no bastan ya para proporcionar al individuo la protección y seguridad que éste demanda al Estado; en la sociedad moderna, si el individuo no tiene garantizada jurídicamente una participación en las prestaciones de procura existencial no puede realizar convenientemente su existencia. Por ello, la procura existencial ha pasado a ocupar un papel prioritario en la dogmática moderna iusadministrativista, pues el resto de funciones estatales sólo podrán desarrollarse adecuadamente si la existencia del individuo en la sociedad está garantizada mediante aquella participación[116]. Por lo tanto, FORSTHOFF rechaza los derechos fundamentales en tanto que expresión trasnochada del Derecho administrativo del Estado liberal; derechos que, a la luz de una nueva realidad evidente, ya no sirven para proteger al individuo. En este sentido, es revelador el que se pregunte qué es lo que ha llevado al individuo del siglo XX a renunciar con plena conciencia a las libertades individuales tan altamente valoradas en el pasado, sometiéndose, en cambio, a ligámenes que entonces no hubiera soportado[117].

---

[116] FORSTHOFF. "Folgerungen...", cit., p. 42. Ello no significa, sin embargo, que conciba tales prestaciones como un derecho fundamental que sustituya a los derechos fundamentales liberales.
Del mismo modo, para DUGUIT el servicio público deviene también "la noción fundamental del derecho público moderno. Los hechos lo van a demostrar" (nótese la importancia de la observación sociológica y real en el pensamiento de DUGUIT, y las similitudes con FORSTHOFF). Cfr. DUGUIT. *Las transformaciones...*, cit., p. 48.

[117] FORSTHOFF. "Folgerungen...", cit., p. 39.

3. *El reproche de Forsthoff a la doctrina tradicional*

El alcance de los cambios sociológicos descritos es, para FORSTHOFF, de tal magnitud que exige, a su vez, cambios fundamentales por lo que hace a la estructura del Estado y a las tareas hasta entonces consideradas típicas del mismo. Estas necesarias transformaciones, que debían partir de la reformulación dogmática de institutos y estructuras, estaban en su opinión y a fecha de 1938, aún por acometerse. En efecto, FORSTHOFF pone de relieve la incongruencia que supone el que la ideología y las estructuras del Estado de Derecho no se ajusten a la realidad social y estatal de 1938, sino que sean más bien propias de una sociedad que estuvo vigente sólo hasta mediados del Ochocientos[118]. Y partiendo de la constatación de semejante contradicción, re-

---

[118] ÍD. "Die Daseinsvorsorge als Aufgabe...", cit., p. 24. En idéntico sentido, DUGUIT postulaba, ante la constatada incapacidad del sistema tradicional-liberal de hacer frente a la nueva realidad, la construcción de un sistema en el que las nuevas obligaciones positivas de los poderes públicos (cuyo contenido identificaba con los servicios públicos) hallen fundamento y regulación jurídica. Así, "las nociones fundamentales, que hasta hace poco eran la base de las instituciones jurídicas, se disgregan para dejar lugar a otras [...] el sistema bajo el que nuestras sociedades modernas habían vivido hasta el presente, se disloca, y un nuevo sistema se construye". En este nuevo sistema que debe construirse, en todos esos servicios modernos, que cada día toman mayor extensión (instrucción, asistencia, obras públicas, alumbrado, correos, telégrafos, teléfonos, caminos de hierro, etc.) hay una intervención del Estado que debe estar sometida al derecho, regulada y disciplinada por un sistema de derecho público. Pero este sistema no puede estar fundado en el concepto de soberanía, porque se aplica a actos en los que no se advierte ningún rasgo de poder de mando. Se construye pues, forzosamente un nuevo sistema, relacionado con el anterior pero fundado en una noción diferente...". Cfr. DUGUIT. *Las transformaciones...*, cit., pp. 39 a 44, 48 y 82 a 84.

procha duramente a la doctrina iuspublicista de su tiempo el que no haya sido capaz de darse cuenta y, consecuentemente, de estudiar, analizar y reaccionar frente a los cambios que la sociedad está experimentando desde la segunda mitad del siglo XIX. En su opinión, son varios los factores que contribuyen a esta incapacidad o, cuando menos, dificultad para captar tales transformaciones sociales y sus implicaciones jurídicas.

El principal y más importante de dichos factores es el inmovilismo en el que se había instalado la doctrina iusadministrativista de principios de siglo, orientada fundamentalmente a los parámetros de libertad y propiedad propios del Estado liberal y anclada en las construcciones dogmáticas del mismo[119]. A dicha doctrina se le habrían pasado por alto los procesos de industrialización y urbanización y lo que éstos comportaban, de forma que no se habría dado cuenta de que, en el siglo XX, a lo primero que hay que prestar atención es a las condiciones en las que los individuos desarrollan su existencia, y sólo después preguntarse lo que hacen con ella y cuáles son sus exigencias de libertad, orden o bienestar[120]. Se trata, en realidad, de una afirmación clave que sintetiza la esencia del tránsito del Estado liberal clásico al Estado de bienestar keynesiano. La superación de la teoría de la democracia liberal supone la introducción de un elemento material, puesto que sólo una verdadera igualdad material permitirá a cada ciudadano ejercer plenamente sus

---

[119] Estado liberal burgués que se caracteriza atendiendo a sus dos pilares fundamentales: las garantías de esferas de libertad del individuo frente al Estado y el principio de sometimiento de la Administración a la ley como principal técnica para garantizar tales libertades individuales. Cfr. FORSTHOFF. "Die Daseinsvorsorge als Aufgabe...", cit., p. 22.

[120] Ibíd., p. 29.

libertades; y la consecución de dicha igualdad material exige, a su vez, la intervención estatal, corrigiendo los fallos de mercado y moderando su funcionamiento. Así, el reproche de FORSTHOFF no radica tanto en que la ciencia del Derecho administrativo tenga una clara orientación liberal propia del Estado de Derecho, sino en su incapacidad para percatarse de que con ella no se agota su objeto; objeto que debe contemplar, también, la importante tarea que corresponde a la Administración en los Estados modernos[121].

Por otro lado, el hecho de que el Derecho administrativo sea una rama jurídica relativamente nueva, que, precisamente, adquiere autonomía y sistematicidad científica al amparo del Estado liberal burgués, explica el que sea la disciplina jurídica que mayores problemas ha encontrado para adaptarse a aquellos cambios, al contar las otras disciplinas, cuando menos, con puntos de partida más sólidos, tanto materiales como metodológicos[122]. En efecto, el hecho de que dentro de la dogmática liberal sólo tuviera cabida un concepto de policía negativo, en el sentido de incluir la prevención de riesgos pero no el denominado fomento positivo del bienestar, limitó el proceso de sistematización del Derecho administrativo a la denominada "Administración interventora" o *Eingriffsverwaltung* (en el sentido de injerente)[123],

---

[121] Ibíd., p. 23.
[122] Ibíd., p. 22.
[123] De hecho, FORSTHOFF afirma que el Derecho de policía no sólo fue pilar estructural básico del Estado de Derecho sino, también y sobre todo, uno de los elementos que más contribuyeron al desarrollo de la sistemática de su Derecho administrativo. Piénsese, por ejemplo, en la decisión del Tribunal administrativo superior de Prusia por la que éste se negó a incluir dentro de la actividad de policía la procura positiva del bienestar, al entender que la estricta aplicación de la Ley prusiana sobre Administración de policía,

lo que según Forsthoff hizo de dicha sistematización un proceso parcial y no global, tal y como después habrían de evidenciar las transformaciones políticas y económicas de la moderna sociedad de masas[124], que alteraron profundamente la fisonomía de la Administración, perdiendo, así, el Derecho de policía liberal buena parte de su importancia y peso.

Por todo ello es preciso, según Forsthoff, distinguir dos partes estructuralmente distintas en el Derecho administrativo, que se corresponden con dos tipos de Administraciones también diversas: la Administración interventora, basada en la idea de libertad, y la Administración aportadora de prestaciones, basada en la participación del individuo en las prestaciones estatales. Si el surgimiento de las nuevas tareas no se ha observado antes y con mayor nitidez es, sobre todo, por la existencia de una cláusula general de competencia de los tribunales administrativos que incluye toda la actividad de la Administración, ocultando el resquebrajamiento de la Administración propia del Estado de Derecho y ofreciendo una imagen externa de unidad y armonía que es, sin embargo, sólo aparente[125].

---

del 11 de marzo de 1850, excluía del concepto de policía el fomento del bienestar. Cfr. Forsthoff. "Anrecht und Aufgabe...", cit., pp. 50 y 51.

[124] Se refiere en concreto a la situación de Alemania tras la Segunda Guerra Mundial, en tanto que país dividido y destruido. Cfr. ibíd.

[125] Ahora bien, es importante destacar la idea de que para Forsthoff, la solución no es la unificación de ambas Administraciones en un sistema unitario, pues ni ello se había logrado hasta la fecha por las razones expuestas, ni tampoco es posible lograrlo en un futuro. Para él parece existir una contradicción insuperable en el hecho de que, mientras el Estado de Derecho y su Administración se basaban en la eliminación del fomento positivo de bienestar como condición previa, las transformaciones sociales han derivado en una actuación estatal encaminada al fomento del bienestar.

Por último, otra de las razones que en su opinión explica que la procura existencial no haya sido tenida en cuenta por la dogmática jurídico-administrativa es el hecho de que durante mucho tiempo se tuviera la convicción de que la procura existencial era una tarea que incumbía y se cumplía desde instancias sociales pero no político-jurídicas[126]. Esta convicción era claro reflejo de la tradicional separación Estado-sociedad tan típicamente liberal que, sin embargo y como bien señala FORSTHOFF, ya no era adecuada para describir la sociedad industrial.

Dentro de la crítica de FORSTHOFF a la doctrina tradicional merece una mención la importancia que otorga al estudio de la ciencia de la Administración y a la posible existencia autónoma de una Teoría de la Administración frente a la ciencia del Derecho administrativo[127]. FORSTHOFF reivindica las aportaciones de VON STEIN, quien fue capaz de elaborar una Teoría de la Administración en los albores del Estado de Derecho, teoría basada en una Administración que, siendo una función estatal autónoma llamada a cumplir la misión social del Estado en una sociedad autorregulada (VON STEIN hablaba de una "Administración social"), estaba ya, sin embargo, vinculada a la ley[128].

Pruebas de dicha incongruencia son, para FORSTHOFF, el que la Administración prestadora se haya "fugado [...] hacia las formas del Derecho privado", o el hecho de que sigue usando determinados términos, en la forma y sentido clásico, para designar fenómenos nuevos, o el que el Derecho administrativo haya visto difuminadas sus fronteras. Cfr. ibíd., pp. 52 a 54.

[126] FORSTHOFF. "Die Daseinsvorsorge als Aufgabe...", cit., p. 32.
[127] ÍD. "Anrecht und Aufgabe...", cit., p. 47.
[128] Ibíd. Es más, señala que si VON STEIN no polemizó en su momento sobre la autonomía o complementariedad de la Teoría de la Administración respecto de la ciencia del Derecho administrativo fue, simplemente, porque ésta no se había constituido aún como ciencia autónoma. Cfr. ibíd.

Sin embargo, la línea iniciada por VON STEIN no tuvo excesiva continuidad[129], esencialmente porque, con el advenimiento y apogeo del Estado liberal, la ciencia del Derecho administrativo adquiere autonomía y sistematicidad, y, por ello, no le es posible plantearse una Teoría de la Administración propia e independiente, al considerar que el estudio de la Administración le corresponde en monopolio exclusivo[130]. La situación cambia sustancialmente con el siglo XX, lo que justifica, en opinión de FORSTHOFF, la necesidad de plantearse la existencia de una teoría de la Administración autónoma frente a la moderna ciencia del Derecho administrativo.

FORSTHOFF vinculará la importancia y necesidad de una ciencia de la Administración con las deficiencias de la dogmática tradicional para explicar las nuevas tareas a las que la Administración se enfrenta. El análisis sociológico en virtud del cual FORSTHOFF introduce en la dogmática del Derecho administrativo el concepto de procura existencial es, de hecho, una apelación a la realidad que él hace en sede, no de ciencia del Derecho administrativo, sino de Teoría de la Administración, cuyo principal cometido es proporcionar supuestos reales sobre los que basar un adecuado desarrollo del Derecho administrativo –ya sea modificando principios o institutos existentes, bien sea elabo-

---

[129] Señala a tal efecto SOSA WAGNER que, desaparecido VON STEIN, la Ciencia de la Administración y la del Derecho administrativo tomarán caminos diversos, reduciéndose el estudio e interés por la primera, si bien "alguna doctrina posterior la reivindique, como es el caso de FORSTHOFF, que le atribuye una importancia excepcional, deslindada del tratamiento estrictamente jurídico de la Administración". Cfr. SOSA WAGNER. *Maestros alemanes...*, cit., pp. 113 a 133.

[130] FORSTHOFF. "Anrecht und Aufgabe...", cit., p. 49.

rando nuevos–. De este modo, por ejemplo, el concepto de procura existencial, en tanto que concepto originariamente no jurídico sino extraído de la realidad sociológica, pasa a ser jurídico mediante la atribución de una significación jurídica. Este proceso sería innecesario o superfluo si el Derecho administrativo moderno dispusiera de una estructura sistemática, completa, unitaria y ajustada a la realidad. Pero al no ser éste el caso, el acomodo del Derecho administrativo a la realidad actual –para que con ello pueda el Derecho cumplir su función– pasa por la observación de la realidad y el uso de otras disciplinas como la sociología o la Teoría de la Administración[131].

4. El concepto de procura existencial

FORSTHOFF no se limitará a constatar la necesidad de reformular el aparato dogmático existente sino que teorizará, partiendo de sus observaciones sociológicas, un nuevo ámbito de funciones estatales: junto a la clásica "Administración de intervención" (*Eingriffsverwaltung*) colocará, a partir de su célebre trabajo de 1938, la "Administración prestadora" (*Leistungsverwaltung*), dando lugar a una distinción mantenida hasta hoy[132]. En efecto, ante

---

[131] Ibíd., pp. 55 a 57.
[132] El par conceptual "Administración de intervención-Administración prestadora" refiere a los efectos que sobre los ciudadanos tienen los medios de los que la Administración se sirve en su actuación. Así, los instrumentos de la primera limitan la esfera jurídica del ciudadano y le imponen obligaciones o gravámenes, mientras que los instrumentos de la segunda le proveen con prestaciones o ventajas. MAURER señala que dicha distinción suele dar lugar a equívocos, al utilizarse el concepto Administración prestadora en un doble sentido: por un lado, para hacer referencia a determinados medios usados por la Administración (dimensión instrumental)

la necesidad de hacer frente a los nuevos problemas, y a la vista del difícil encaje que la actividad prestacional de la Administración halla en los esquemas tradicionales de la Administración de intervención, la solución que se impone en la dogmática alemana es una nueva sistemática jurídico-administrativa que descomponga la Administración y su actividad en dos partes yuxtapuestas, sin relación entre ellas y con una estructura interna distinta y hasta contrapuesta[133].

Llegados a este punto, pues, cabe plantearse cuál es el razonamiento de FORSTHOFF que le permite pasar de sus observaciones sobre la realidad social de su tiempo a la teorización jurídica de este nuevo ámbito de actuación de la Administración. De hecho, y como señala MARTÍN-RETORTILLO, el gran mérito de la construcción forsthoffiana es, precisamente, la capacidad que dicho autor demostró para realizar dicho paso, esto es, para "traducir aquellas observaciones de carácter sociológico a un

---

y, por otro, para hacer referencia a determinados fines (dimensión material). Según esta última acepción, la Administración prestadora se orienta a asegurar y mejorar las condiciones de vida del ciudadano mediante la protección individual (ayudas sociales), la provisión de prestaciones y la puesta a disposición de instituciones públicas (guarderías, hospitales). La confusión radica en que a la Administración prestadora en sentido material no se le debe oponer la Administración de intervención sino la Administración de ordenación (*Ordnungsverwaltung*), entre otras razones porque, desde una perspectiva instrumental, Administración de intervención y Administración prestadora no se corresponden con ámbitos complementarios y perfectamente separables sino que están fuertemente interrelacionados. Cfr. MAURER. *Allgemeines Verwaltungsrecht...*, cit., pp. 7 a 9.

[133] E. FORSTHOFF. "Problemas de la Administración prestadora de servicios", en ÍD. *Problemas actuales del Estado Social de Derecho en Alemania*, Madrid, Publicaciones del Centro de Formación y Perfeccionamiento de Funcionarios, 1966, pp. 36 a 39.

terreno netamente jurídico y el haber procurado un lugar dentro de la dogmática jurídica a una Administración que se reconoce responsable del fin de la procura existencial"[134].

Pues bien, FORSTHOFF culmina su razonamiento definiendo la procura existencial como el conjunto de medidas o dispositivos que se adoptan para la satisfacción de las necesidades de apropiación[135]. Dicho concepto encuentra su correlato en lo que FORSTHOFF denomina responsabilidad existencial (*Daseinsverantwortung*)[136], esto es, sobre quién debe recaer la responsabilidad de procurar que efectivamente la necesidad de apropiación de los individuos sea satisfecha. En un contexto ideal dicha responsabilidad sería asumida por cada sujeto responsable, pero dado que en la sociedad industrial las personas han devenido dependientes de circunstancias ajenas a su voluntad, dicha responsabilidad no puede recaer sobre ellas, pues no se hallan en situación de poder asumirla. En consecuencia, es al Estado

---

[134] MARTÍN-RETORTILLO. "La configuración jurídica...", cit., p. 60.
[135] FORSTHOFF. "Die Daseinsvorsorge als Aufgabe...", cit., p. 26.
[136] FORSTHOFF ofrece una evolución histórica sobre la responsabilidad existencial, mostrando cómo ésta ha pasado de ser individual (propia del Estado liberal) a ser primero colectiva y después pública. En efecto, los procesos de industrialización y urbanización, el derrumbamiento de la sociedad liberal-burguesa y la aparición de conflictos sociales producen una reducción del espacio vital dominado, de forma que el aseguramiento de las posibilidades de apropiación se consigue sólo mediante la solidaridad del grupo (responsabilidad individual colectiva). Finalmente, se llega a un estadio en el que se atribuye la responsabilidad a los titulares del poder público (Estado y partidos), responsabilidad que implica, fundamentalmente, la adecuada y justa regulación de las posibilidades y oportunidades de apropiación. Cfr. FORSTHOFF. "Die Daseinsvorsorge als Aufgabe...", cit., pp. 26 y 27.

a quien corresponde la asunción de la responsabilidad sobre la existencia de sus ciudadanos[137].

Mediante esta argumentación FORSTHOFF resalta dos cuestiones trascendentales. Por un lado, la difuminación creciente entre lo público y lo privado, hasta el punto de que prácticamente nada es ajeno al Estado. Este fenómeno está vinculado al progresivo vaciamiento de la autonomía privada en favor de la regulación jurídico-pública, de forma que en muchos casos al individuo le queda sólo la libertad para decidir si quiere o no aprovechar las prestaciones de procura existencial que desde el sector público se le ofrecen[138].

Por otro lado, destaca también la importancia del Estado como portador de una responsabilidad política irrenunciable que incrementa notablemente su poder porque, por un lado, hace

---

[137] No es posible, para FORSTHOFF, hablar de responsabilidad sin introducir la idea de la distribución de riesgo que todo ordenamiento jurídico está obligado a asumir, y cuya evolución histórica le permite mostrar, de nuevo, las transformaciones sociales y los cambios jurídicos que a éstas se vinculan. Así, el ordenamiento jurídico del Estado liberal de Derecho, basado en la autonomía privada y en la libertad individual, permitía una posibilidad real de elección y de decisión entre diversos modos de comportamiento. A una responsabilidad individual del individuo le correspondía, lógicamente, una asunción individual de riesgos. En cambio, el Estado Social se caracterizará por la dependencia del individuo, como consecuencia de la inexistencia de posibilidades reales de elección y decisión. Ello genera que el sistema de distribución de riesgos del Estado liberal pierda su sentido y su justificación jurídico-política; la necesidad de una procura existencial supraindividual y, consecuentemente, el riesgo se presentan ahora vinculados a la existencia colectiva de una comunidad estructurada, esto es, al Estado mediante su intervención. Cfr. FORSTHOFF. "Folgerungen...", cit., pp. 36 y 42.

[138] FORSTHOFF. "Folgerungen...", cit., pp. 35 y 36.

imposible prescindir de él –en tanto que suministrador de recursos esenciales– y, por otro, permite un alto grado de injerencia estatal en el sistema económico[139]. En efecto, para lograr la consecución de un orden social en el que el ciudadano tenga asegurada su participación es necesario un engranaje organizativo, cuyo funcionamiento se base en la actuación conforme a reglas racionales. Dicha estructura organizativa es la Administración Pública, que ve notablemente extendidas sus funciones y su importancia respecto del legislador. De hecho, FORSTHOFF entiende que el peso preponderante que la dogmática iuspublicista tradicionalmente colocaba en el poder legislativo (y en la Constitución como corolario) debía trasladarse al Ejecutivo por vía de una Administración fuerte, cuya actuación precisa y técnico-racional estuviera basada en la regularidad de su ejecución, en la distribución de asuntos, en un poder claro y contundente para dar órdenes y en unos funcionarios altamente cualificados[140]. Es en este sentido en el que debe situarse su afirmación

---

[139] El hecho de que el Estado garantice la procura existencial de sus ciudadanos le confiere también cierta estabilidad, pues es imposible su eliminación como organización, por cuanto ello supondría una afectación grave de los fundamentos de la vida de la población. Y ello, afirma, a pesar de que existan dudas en torno a su constitucionalidad, anticipando, según parece, lo que será el eje central de su polémica teoría sobre la incompatibilidad constitucional entre Estado Social y Estado de Derecho. Cfr. FORSTHOFF. "Die Daseinsvorsorge als Aufgabe...", cit., pp. 28 y 29.

[140] FORSTHOFF configura un orden estatal en el que una élite autoritaria ejercería el poder en las esferas superiores como instancia política y sobre la base de su propia responsabilidad, mientras un importante masa de funcionarios burocráticos ejercería sus funciones como titulares de funciones estatales, ejecutando instrucciones de acuerdo con el marco legal correspondiente y asegurando de este modo la calculabilidad legal a la que el Estado no

"los problemas constitucionales de nuestro tiempo son problemas administrativos"[141].

---

podía ni debía renunciar. Cfr. D. SHEIDEMANN. *Der Begriff Daseinsvorsorge: Ursprung, Funktion und Wandlungen der Konzeption E. Forsthoffs*, Göttingen, Muster-Schmidt, 1991, pp. 48 a 53. De este modo, FORSTHOFF está, de hecho, describiendo un modelo de Administración burocrática, típica del Estado liberal, con lo que parece incurrir en una clara contradicción ya que, por un lado, para la construcción de su procura existencial se basa en la inutilidad del Estado liberal y, por otro, construye una Administración jerárquica y autoritaria próxima, por tanto, al modelo tradicional liberal. Esta contradicción de su pensamiento se ve agravada al teorizar una supuesta incompatibilidad entre Estado de Derecho y Estado Social, como habremos de constatar más adelante.

[141] Sin embargo, FORSTHOFF también advierte sobre los riesgos que esta traslación del peso político puede conllevar, mostrando especial preocupación por la posibilidad de que una creciente preponderancia de la Administración frente al Parlamento pueda llegar a disolver el principio democrático, en tanto no es el órgano que encarna la voluntad popular el que verdaderamente toma las decisiones. Lo que, por demás, se ve acentuado por la creciente complejidad técnica que opera como agravante en un doble sentido. Por un lado, porque aleja al ciudadano de la política y de las decisiones que sus representantes toman, al transformar los problemas políticos en problemas técnicos que escapan al entendimiento normal del ciudadano medio. Por otro lado, porque los propios políticos se ven incapaces de tomar decisiones ante la complejidad que las mismas entrañan, debiendo recurrir a expertos y técnicos y cediendo cada vez mayores ámbitos de decisión a la Administración, aparentemente una sede más técnica y mejor dotada para decidir sobre tales cuestiones. No puede menos que sorprender la lucidez con la que FORSTHOFF ponía de relieve los problemas jurídicos que el progreso tecnológico planteaba en su época, y habría de plantear en un futuro próximo. Cfr. FORSTHOFF. "Anrecht und Aufgabe…", cit., p. 49; ÍD. "Sentido actual de las relaciones entre Estado y sociedad en Alemania", en ÍD. *Problemas actuales del Estado social de Derecho en Alemania*, cit., pp. 25 y 26 y, con mayor detalle, su escrito "La realización técnica", en ÍD. *El Estado de la sociedad industrial (El modelo de la República*

FORSTHOFF dedica, ya en su trabajo de 1938, buena parte de sus reflexiones a delimitar el ámbito de la procura existencial, pese a ser consciente de las dificultades que implica el que se trate de un ámbito en evolución. Así, desde una perspectiva negativa, FORSTHOFF excluye del ámbito de la procura existencial aquellas prestaciones a cargo de la Administración en las que falte el elemento de generalidad, las tareas de carácter soberano en el sentido tradicional (policía, seguridad y orden público), la función jurisdiccional y las relaciones jurídicas bilaterales (derivadas, por ejemplo, de la pertenencia a corporaciones profesionales)[142].

En una primera aproximación positiva a la caracterización realizada en 1938[143], FORSTHOFF incluye dentro de las funciones que incumben a los poderes públicos la obligación de garantizar una adecuada relación salario-precio, el derecho al trabajo y a una remuneración equitativa, la regulación de la demanda, producción y consumo, y la aportación de aquellas prestaciones de las que depende el hombre en las sociedades modernas (suministro de agua, gas o electricidad, pero también medios de comunicación, correo, teléfono, seguridad sanitaria o invalidez). FORSTHOFF considera especialmente problemático este último grupo –en el que se centra– y ello por dos razones. Por un lado, porque se trata de prestaciones tradicionalmente fuera

---

Federal de Alemania), Madrid, Instituto de Estudios Políticos, 1985, pp. 41 a 59.

[142] FORSTHOFF. "Folgerungen...", cit., pp. 37 y 38. A finales de los cincuenta su posición es similar en relación con dichas exclusiones. Cfr. ÍD. "Einleitung....", cit., pp. 12 y 13.

[143] Cfr. FORSTHOFF. "Die Daseinsvorsorge als Aufgabe...", cit., p. 28, e ÍD. "Folgerungen...", cit., pp. 38 y 39.

del ámbito estatal; por otro, por la dificultad que conlleva tener que precisar la extensión del ámbito de dependencia del individuo y el nivel mínimo a considerar como razonable.

Es sin embargo en aquellos escritos de finales de los cincuenta dedicados específicamente a la procura existencial donde FORSTHOFF se entretiene con mayor detalle en ofrecernos una delimitación positiva del concepto. Del estudio de dichos trabajos es posible sistematizar sus elementos definitorios del modo siguiente:

1. La procura existencial define una nueva forma de relación entre el individuo y el Estado, basada no en la noción de libertad propia del Estado liberal sino en el concepto de participación del individuo en las prestaciones del Estado[144]. A dicha participación –y especialmente a su aseguramiento jurídico– se le otorga la protección del Derecho público a través de la procura existencial, concepto que, de este modo, pone de relieve la presencia de un componente jurídico-público en las nuevas funciones del Estado. Ello no prejuzga las formas jurídicas a través de las que éste ejercerá tales funciones; precisamente el hecho de que su ejercicio sea posible a través de formas jurídico-privadas justifica el que deban gozar de la protección del Derecho público[145].

---

[144] FORSTHOFF. "Einleitung.... ", cit., p. 9.
[145] Ibíd., p. 10. Por su parte, DUGUIT define la función social del servicio público como "la existencia de una obligación de orden jurídico que se impone a los gobernantes de asegurar sin interrupción el cumplimiento de una cierta actividad", esto es, "toda actividad cuyo cumplimiento debe ser regulado, asegurado y fiscalizado por los gobernantes, por ser indispensable a la realización y al desenvolvimiento de la interdependencia social, y de tal naturaleza que no puede ser asegurado más que por la intervención de la fuerza gobernante". Cfr. DUGUIT. *Las transformaciones...*, cit., pp. 93 a 98,

2. Por lo tanto, dado que la forma en que se ejerce la prestación puede ser jurídico-privada, lo que caracteriza y define verdaderamente la procura existencial es la delimitación material del contenido de la prestación. Criterio material que implica, también, una contraposición frente al Estado liberal, basado en la libertad e igualdad formal[146]. Es precisamente esta determinación material lo que hace que se trate de un concepto cuya extensión sea difícilmente determinable, puesto que no es fácil hallar un criterio que permita delimitar de forma precisa su contenido. La cuestión clave –y problemática– radica en el entendimiento de lo que sea necesario para la existencia del individuo, ya que tales necesidades no son constantes sino que dependen de las circunstancias de cada momento histórico, cultural y social[147].

---

105 y 109 a 111. Sin embargo, ello no significa, en su opinión, que deban ser los mismos gobernantes los que necesariamente se encarguen de la gestión o ejercicio del servicio.

[146] FORSTHOFF. "Einleitung...", cit., pp. 10 y 11.

[147] Ibíd., p. 12. Así, FORSTHOFF se pregunta, por ejemplo, si el elemento clave podría ser la distinción entre abastecimientos necesarios y no necesarios, aunque en cualquier caso parece entender que el concepto de procura existencial no puede limitarse al mínimo de existencia vital. En efecto, afirma que sería contrario a la esencia del moderno Estado Social y distribuidor limitar las funciones del concepto de procura existencial al "estándar mínimo que se desprende de la esfera vital del individuo", esto es, al mínimo existencial.

También DUGUIT se planteaba cuáles eran las actividades cuyo cumplimiento debía considerarse obligatorio para los gobernantes y que constituían el objeto de los servicios públicos. Y coincidía en su respuesta parcialmente con FORSTHOFF, al entender que "es imposible dar a la cuestión una respuesta general", puesto que en ella hay "algo esencialmente variable, evolutivo". Cfr. DUGUIT. *Las transformaciones...*, cit., pp. 100 y 101.

3. Además, Forsthoff establece otras dos características esenciales de la procura existencial. Por un lado, el que no pueden extraerse consecuencias jurídicas directas ni pueden deducirse pretensiones ante los tribunales invocando la procura existencial[148]. Por otro, el hecho de que la Administración prestadora se sustraiga a la normativa de la competencia, al entender que una empresa encargada de la provisión de tales prestaciones realiza funciones de procura existencial y no de mercado[149].

---

[148] Forsthoff. "Einleitung...", cit., p. 13. Al respecto señalaba Martín-Retortillo que el que no se derive pretensión jurídica concreta para el individuo (esto es, que puedan ser directamente acogidas por los tribunales) no implica que no existan otros medios para la defensa de la procura existencial (por ejemplo, el procedimiento, la participación de los administrados o el control político). Sin duda debemos estar de acuerdo con sus afirmaciones, pero con ellas se obviaba el que, en mi opinión, es el punto clave, pues el que las prestaciones de procura existencial se conciban como directamente justiciables o incluso como derechos fundamentales directamente deducibles de la Constitución incide en el concepto de ciudadanía y en el modelo de Estado que se asume, lo cual tiene una importancia capital. Sí coincidimos con dicho autor cuando afirma que "el que de la procura existencial no emanen pretensiones directamente justiciables no supone nada en contra de su significación jurídica", debiendo rechazarse el que "se trate de una mera declaración de principios sin fuerza de eficacia posible". Cfr. Martín-Retortillo. "La configuración jurídica...", cit., pp. 51 a 53.

[149] Forsthoff. "Einleitung...", cit., p. 11. Tomando como ejemplo la Ley sobre energía de 1935, Forsthoff entiende que una empresa dedicada al suministro energético sometida a dicha ley y, por ello, sometida a vigilancia estatal y a determinadas obligaciones jurídico-públicas, a pesar de su efectiva posición dominante no puede considerarse empresa dominante en el sentido del Derecho de la competencia, y ello porque se entiende que realiza tareas de procura existencial.

Es especialmente relevante –y conviene llamar la atención al respecto– el hecho de que Forsthoff excluyera en 1958 un salario adecuado de las tareas propias de la procura existencial estatal, cuando en 1938 sí lo había considerado parte integrante de dicho conjunto de prestaciones. Forsthoff justifica dicha exclusión en el hecho de que el mismo Estado ha renunciado a la decisión estatal al respecto en favor de los convenios colectivos sobre salarios, concluyendo que, con ello, la procura del salario adecuado ha pasado a ser una función de la sociedad; en concreto, una decisión de las organizaciones de patronos y los sindicatos de obreros[150]. Con semejante observación –que sin duda debe relacionarse con lo que desde una perspectiva politológica se conoce como el neocorporativismo– Forsthoff evidencia una extraordinaria capacidad para captar los procesos sociales, económicos y políticos en cada momento. Además, ello nos permite enlazar con el próximo apartado, en el que se analizará qué elementos de su obra permiten intuir y caracterizar el modelo de Estado de Bienestar que se consolida en la República Federal Alemana después de la Segunda Guerra Mundial. Curiosamente, Forsthoff no suele estudiarse o interpretarse desde este punto de vista; sin embargo, de la lectura de su obra se desprende un determinado modelo de Estado de Bienestar.

5. La contribución de Forsthoff al modelo de Estado de Bienestar alemán

En sus artículos escritos con posterioridad al final de la Segunda Guerra Mundial, Forsthoff vuelve a partir de la observación

---

[150] Ibíd., p. 19.

de la realidad social que le rodea y de los cambios y transformaciones que ésta experimenta. En efecto, en sus trabajos relativos a la procura existencial de finales de los años cincuenta –en los que no se aparta esencialmente, como se dijo, de la configuración jurídica de la procura existencial que hiciera en 1938– estudia y analiza una realidad social, política y económica distinta de aquella en la que se insertó su célebre trabajo "La Administración como prestadora". Su discurso es, ahora, un discurso en torno al desarrollo y consolidación del Estado del Bienestar en Alemania después de la Segunda Guerra Mundial.

Por una parte, destaca las transformaciones constitucionales del moderno Estado, así como la transición del Estado liberal al Estado social y de Bienestar que implica, como ya anticipaba en 1938, una transformación en la relación entre Estado y sociedad, tradicionalmente concebidos como ámbitos separados y diferenciados que ahora, sin embargo, pierden sus contornos y difuminan sus fronteras[151].

FORSTHOFF percibe también la desideologización política que se opera desde el final de la Segunda Guerra Mundial[152]. La

---

[151] Ibíd., p. 18, refiriéndose a la ósmosis que se habría producido entre el Estado y la sociedad industrial.

[152] Ibíd., pp. 14 a 17. Tal desideologización la percibe con relación al sistema de partidos políticos, aludiendo implícitamente al *catch-all-party* teorizado por KIRCHEIMER (partido que, más allá de una identidad fuertemente definida, se dirige a amplios sectores del electorado –por encima de barreras como la clase o la religión– con la finalidad de conquistar franjas del electorado lo más amplias posibles). MARTÍNEZ SOSPEDRA señala como principales causas de la aparición de los *catch-all-party* "el cambio de clima político consecuencia de los cambios sociales acontecidos en Europa occidental después de 1945 y, en especial, desde los años cincuenta [...] la demo-cratización del consumo, la dulcificación de las fracturas de clase

consolidación de los Estados de Bienestar ofrece seguridad material y estabilidad a cambio de sometimiento al sistema, no busca corregir las desigualdades inherentes al sistema capitalista sino mitigarlas y, así, evitar el conflicto social, que se ve notablemente reducido mediante la generalización de determinadas prestaciones sociales y la homogeneización de las condiciones de vida. Además, el principio de división del trabajo, la especialización y la creciente diferenciación del proceso técnico-industrial generan, a su vez, una estructura económica cuyos caracteres distintivos son una gran complejidad y una creciente racionalidad, la elevada interdependencia e interconexión entre los distintos factores y elementos económicos, una fuerte responsabilidad de las distintas partes de la economía respecto del todo y una gran capacidad de autodirección[153].

En dicha situación, señala FORSTHOFF, poco espacio queda para las ideologías, que se manifiestan tímidamente y sólo en ámbitos inofensivos (neutrales) como el arte o la enseñanza. En este sentido, percibe claramente cómo los ciudadanos-electo-

---

[...] una sociedad de dominio político amplio y elevada participación [...] en la que la prosperidad económica y la movilidad social difuminan las fronteras y debilitan la intensidad de los conflictos de clases, en una sociedad de economía mixta cuyas instancia central la constituye el ejecutivo y sus políticas, pragmáticas por necesidad". Cfr. M. MARTÍNEZ SOSPEDRA. *Introducción a los partidos políticos*, Barcelona, Ariel Derecho, 1996, pp. 96 a 104.

[153] Cfr. FORSTHOFF. "Sentido actual de las relaciones...", cit., pp. 19 a 21; ÍD. "Trasformazioni strutturali...", cit., pp. 148 a 150. Ha señalado MANGIA que, al realizar estas consideraciones, FORSTHOFF se aproxima a las tesis económicas de GALBRAITH. Por otra parte, sus reflexiones en torno a la tecnificación y a su incidencia en el sistema político recuerdan las posiciones neoelitistas de autores coetáneos como C. WRIGHT MILLS.

res del Estado moderno no votan, como antaño, atendiendo a su ideología: no lo hacen en calidad de liberal, socialista o conservador, sino como agricultor o importador, esto es, en función de los intereses que tengan en relación con las prestaciones que pueda ofrecerles el Estado, de modo que, de hecho, "la lucha por participar en la formación de esa voluntad (del Estado) es lucha por participar en la redistribución"[154].

En realidad, FORSTHOFF considera que en la sociedad técnico-industrial que se ha consolidado tras la Segunda Guerra Mundial la procura existencial es, primariamente, función complementaria de la sociedad[155]. Con ello y como veremos seguidamente, parece estar postulando un retorno a la autonomía de la sociedad y a una menor intervención estatal, esto es, a la vigencia del principio de subsidiariedad. Este es un punto clave de su producción científica de los años cincuenta y, al parecer, se aparta de lo que manifestó en 1938. Sin embargo, somos de la opinión de que ello no es exactamente así; en realidad, ya en

---

[154] E. FORSTHOFF. "Problemas constitucionales...", cit., pp. 55 a 57. Así, afirmará: "El moderno elector no se entiende a sí mismo como miembro de la comunidad política estatal", sino que "cuando acude a las elecciones se orienta primariamente en función de su existencia individual concreta, y vota en consecuencia. Sobre todo, el elector no se siente en la situación del hombre libre e independiente que se enfrenta durante las elecciones al Estado en plena conciencia, tal y como nuestros antepasados lo hicieron".

[155] FORSTHOFF señala que la función complementaria más importante que ha de llevar a cabo el Estado es la igualdad social, al no estar su consecución al alcance de la sociedad industrial autónoma y autorregulada. Dentro de estas funciones del Estado FORSTHOFF se refiere, por un lado, a la asistencia a grupos de población marginados y no integrados y, por otro, a una serie de nuevas funciones que van surgiendo con el desarrollo de la moderna sociedad industrial (construcción de carreteras, educación y enseñanza). Cfr. FORSTHOFF. "Sentido actual de las relaciones...", cit., pp. 27 y 28.

sus escritos de 1938 es posible vislumbrar la aspiración a una verdadera autonomía del individuo frente al Estado y a una intervención de éste regida por el principio de subsidiariedad. En este mismo sentido se manifestaba MARTÍN-RETORTILLO, para quien el hecho de que la Administración Pública no monopolizara las tareas de procura existencial era una idea fundamental en la construcción de FORSTHOFF, "siendo significativo que tal tesis, formulada inicialmente en tiempos del nacionalsocialismo, haya adquirido su mayor importancia y relieve en un ordenamiento jurídico que reconoce de modo directo la cooperación de los particulares con el Estado para la realización del interés general y en el que se admite ampliamente el principio de subsidiariedad con todas sus consecuencias"[156].

En efecto, el principio de subsidiariedad, a pesar de no estar expresamente reconocido en la Ley Fundamental de Bonn[157],

---

[156] MARTÍN-RETORTILLO. "La configuración jurídica...", cit., pp. 54 a 56.

[157] Al respecto se ha discutido el posible anclaje de dicho principio en el artículo 1.1 de la Ley Fundamental de Bonn (relativo a la dignidad del individuo) así como en el 2.1 (libertad general de actuación). Por lo que se refiere al primero puede objetarse, siguiendo a HÖSCH, que de este artículo sólo se desprende –según la interpretación que el Tribunal Constitucional federal hace del individuo como valor único caracterizado por su independencia y propia responsabilidad, y por su derecho a la autodeterminación– que el principio de subsidiariedad no está prohibido. Tampoco está claro, por otra parte, su anclaje en la mencionada libertad de actuación, por cuanto ésta, al proteger la libertad del individuo frente a injerencias desproporcionadas del Estado, no garantizaría el principio de subsidiariedad sino, en todo caso, lo exigiría como presupuesto. De ahí que se defienda que, de hecho, tal principio no tiene –ni necesita– un anclaje constitucional específico. Cfr. U. HÖSCH. *Die kommunale Wirtschaftstätigkeit: Teilnahme am wirtschaftlichen Wettbewerb oder Daseinsvorsorge* (*Beiträge zur Ordnungstheorie und Ordnungspolitik*), Tübingen, Mohr Siebeck, 2000, pp. 45 a 48, así como

sí está considerado como un principio constitucional inmanente, cuyo fundamento se vincula a la doctrina social de la Iglesia y, en particular, a la encíclica de Pío XI *Quadragesimo anno*, del 15 de mayo de 1931[158]. El principio de subsidiariedad implica que las unidades mayores han de asumir sólo aquellos deberes o tareas que el individuo –o un grupo social de menor tamaño– no puede asumir por sí solo[159]. Con ello no se pretende establecer una frontera rígida e inamovible que separe Estado y sociedad, sino expresar una consciente elasticidad en el necesario reparto de competencias para el desempeño de las tareas sociales. Así, el criterio esencial para dicha división de competencias es la capacidad de prestación de las unidades más pequeñas, de modo tal que, en principio, el Estado podrá actuar económicamente sólo cuando la sociedad no pueda solucionar –por sí sola y de forma solidaria– determinadas tareas consideradas esenciales para el desempeño de libertades iusfundamentales[160]. Lo que subyace, pues, a la idea de la subsidiariedad es la promoción del interés general mediante el fortalecimiento de los derechos individuales en la configuración de la propia existencia.

---

también la bibliografía allí citada. Sobre esta cuestión en el ámbito concreto de la autonomía municipal cfr. H. MEYER. *Kommunalrecht*, 2.ª ed., Baden-Baden, Nomos Verlagsgesellschaft, 2002, p. 336.

[158] HÖSCH. *Die kommunale Wirtschaftstätigkeit...*, cit., p. 43.

[159] Hasta el punto que, en virtud de tal subsidiariedad, las pequeñas unidades pueden primero solicitar la ayuda de unidades mayores antes de ser por éstas despojadas de sus tareas. En este sentido, subsidiariedad debe ser entendida como prestación de ayuda, como una relación jurídica que garantiza a las pequeñas unidades frente a las mayores tanta libertad como sea posible y, al mismo tiempo, tanta autoridad como sea necesario. Cfr. HÖSCH. *Die kommunale Wirtschaftstätigkeit...*, cit., pp. 43 y 44.

[160] Cfr. ibíd., pp. 44 y 48.

Ahora bien, ello no implica que se tome una decisión de carácter general sobre cuál debe ser en cada caso la ordenación de tareas, puesto que cada concreta asignación exige una valoración que, a su vez, está sometida a constante cambio[161]. Las similitudes con las reflexiones de FORSTHOFF en torno a la procura existencial son, sin lugar a dudas, evidentes.

FORSTHOFF destaca la estabilización política y económica que se ha generado en la sociedad industrial surgida tras la Segunda Guerra Mundial; estabilización que se transmite al individuo, quien vuelve a concebir el mundo y su propia existencia como asegurados. Así, en situaciones normales, muchas de las funciones estatales de procura existencial pueden y deben ser devueltas a la sociedad, pero siempre con la seguridad de saberse que, en caso de urgencia[162] o crisis emergerá de nuevo la procura existencial. Ejemplo paradigmático de una situación de crisis es, para el autor, el período weimariano, en el que la sociedad fue incapaz de constituirse en orden propio y autó-

---

[161] Ibíd., pp. 45 y 48.
[162] FORSTHOFF. "Einleitung...", cit., pp. 20 y 21. FORSTHOFF menciona, como ejemplo de una situación de urgencia, el que determinados grupos sociales especialmente débiles (como las clases de consumidores) sean incapaces de organizarse para actuar con suficiente capacidad de influencia en el juego de las fuerzas sociales. Con ello parece afirmar que, como dichos grupos sociales son especialmente débiles y vulnerables e incapaces de ejercer la acción colectiva, merecen una especial tutela pública. Se aproxima, con tales afirmaciones, a las tesis mantenidas por OLSON. Cfr. M. OLSON. *La lógica de la acción colectiva. Bienes públicos y la teoría de grupos*, México, Limusa, 1992. Referencias a la importancia de los grupos de interés se hallan también en FORSTHOFF. "Problemas constitucionales...", cit., pp. 57 a 59 y, sobre todo, en el artículo "Grupos de interés y acción concertada", en FORSTHOFF. *El Estado de la sociedad*..., cit., pp. 199 a 210.

nomo debido, en buena medida, a los efectos de la Primera Guerra Mundial. Como consecuencia del conflicto bélico y de la posterior crisis económica de 1929, se produjo lo que FORSTHOFF denomina una "mixtificación" entre Estado y sociedad: por un lado, el Estado se ve obligado a intervenir económicamente en el seno de la sociedad (políticas de construcción de viviendas, agrícola, monetaria, etc.); por otro, la sociedad se politiza y genera, en su mismo seno, fuerzas políticas (no sólo partidos, también grupos de interés económico) que entrarán en conflicto y amenazarán al Estado, justificándose la intervención estatal en el curso del devenir social[163]. Por todo ello, durante el periodo weimariano se consideró que sólo el Estado sería capaz de reordenar una economía y una sociedad que habían sido destruidas (lo que explica, por ejemplo, que partidos y sindicatos lucharan duramente para ejercer influencia sobre el Estado)[164].

En cambio, la situación posterior a 1945 es, en opinión de FORSTHOFF, totalmente distinta: entre antes y después de la Segunda Guerra Mundial no hubo continuidad, no hubo un proceso de restablecimiento de las condiciones económicas, políticas y constitucionales normales sino que se abrió una nueva fase en la relación entre Estado y sociedad, en el sentido de que la reconstrucción se realizó sin una participación especial del Estado y con las solas fuerzas de la economía. Las razones que explican esta nueva fase son varias. En primer lugar, FORSTHOFF destaca lo imperativo de la situación, atendiendo al estado en el que había quedado el país tras seis años de conflicto bélico:

---

[163] Cfr. FORSTHOFF. "Anrecht und Aufgabe...", cit., p. 14, e ÍD. "Sentido actual de las relaciones...", cit., p. 16.
[164] ÍD. "Trasformazioni strutturali...", cit., p. 148.

la necesidad de reconstruir las fábricas y de reactivar los factores productivos hizo que empresarios y trabajadores dejaran de lado cuestiones ideológicas y reivindicaciones y centraran sus esfuerzos en la rápida consecución de dicha reconstrucción. En segundo lugar y como consecuencia lógica de lo anterior, el estado de destrucción y desmantelamiento en el que se hallaba la capacidad económica e industrial alemana fue, paradójicamente, un factor que dinamizó espectacularmente dicha reconstrucción técnico-industrial y permitió una modernización en un espacio de tiempo muy breve. A ello hay que añadir, por un lado, que dicho renacimiento de la economía alemana se realizó, esencialmente, a partir de la autodisciplina de sus propias fuerzas económicas y con una participación del Estado menor y *quasi* marginal y, por otro, que se vio también facilitado por la desideologización de la economía (no cuestionamiento del sistema económico instaurado) que diluyó, a su vez, las contraposiciones ideológicas de la época anterior[165].

En este sentido, señala FORSTHOFF que el derrumbamiento de la ideología del Estado y el déficit ideológico consiguiente dieron lugar a una "vida social libre de divergencias político-estatales" y a una economía que "no es la obra del Estado, sino que descansa en sí misma", de tal forma que lo que "en el siglo XIX se entendía como autonomía de la sociedad individualista, se ha restablecido de un modo nuevo en la economía moderna [...] dentro de determinados límites"[166]. Y son estos cambios los

---

[165] FORSTHOFF. "Sentido actual de las relaciones...", cit., pp. 16 a 19, e ÍD. "Trasformazioni strutturali...", cit., pp. 148 y 149.
[166] FORSTHOFF. "Sentido actual de las relaciones...", cit., pp. 18 a 23. FORSTHOFF no está sosteniendo que el Estado moderno deba quedar totalmente al margen; por el contrario, éste sigue, por un lado, desempeñando las tareas

que explican las diferencias en la construcción forsthoffiana entre la primera teorización en 1938 y los escritos de finales de la década de los cincuenta.

En relación con cuanto se ha dicho es conveniente llamar también la atención sobre otras dos cuestiones que FORSTHOFF planteó ya en 1938 pero que conservan, a día de hoy, importancia y actualidad. Por un lado, si –y hasta dónde– es posible reducir el alcance de la procura existencial. Por otro, si podría realizarse una descarga del Estado de la procura existencial mediante su traspaso a una organización de forma comunitaria.

En primer lugar, FORSTHOFF considera que la supresión de la procura existencial es difícil, teniendo en cuenta que se ha desarrollado por necesidad y no por voluntariedad. Sólo un improbable retroceso en la forma de vida urbana (un retorno al ámbito rural) y en el desarrollo tecnológico-industrial la haría factible. Ahora bien, una reducción del ámbito de la procura existencial estatal –no una desaparición completa– sí fue concebible para FORSTHOFF ya en 1938; ciertamente no en la coyuntura económico-política en la que escribía, pero sí de cara a un futuro. Y el modo en que podría llevarse a cabo dicha reducción es el de la transformación de la responsabilidad directa del Estado en responsabilidad subsidiaria de inspección o control de los sujetos privados a quienes se ha transferido la provisión de la prestación[167].

---

estatales clásicas –política exterior, política interna, política cultural, defensa– y, por otro, colabora con esta economía moderna en alto grado autorregulada, esencialmente a través de las asociaciones y los grupos de interés económico.

[167] FORSTHOFF. "Folgerungen...", cit., p. 45.

Con ello responde afirmativamente a la segunda cuestión, a saber, si es posible el traspaso de funciones públicas a privados. En tal caso, FORSTHOFF considera que dicho traspaso exige, como presupuesto indispensable, la existencia de una normativa estatal que fije un marco y unos principios generales para la regulación de las relaciones de prestación, estableciendo los necesarios límites a la autonomía de tales sujetos privados prestadores –sin perjuicio de que también sería necesario la regulación de sectores específicos, como la energía, el transporte terrestre de personas o el suministro de agua en establecimientos públicos como hospitales o instalaciones deportivas–[168].

A la vista de cuanto se ha dicho, resulta claro que FORSTHOFF nunca defendió que las prestaciones de procura existencial fueran consideradas como derechos de ciudadanía, puesto que para él (y ello ya en 1938) la dependencia estatal del individuo respecto del suministro de servicios estatales –derivada de las transformaciones sociales que tan bien supo percibir– era en verdad insatisfactoria, debiendo aspirarse a la autonomización del individuo mediante su vinculación a comunidades orgánicas. Más tarde, en 1961, lo reafirmará con mayor énfasis –las condiciones sociales, políticas y económicas así lo permitirían–, considerando que si bien no es posible prescindir totalmente de las formas del Estado social, el objetivo al que debe aspirarse es a hacerlo innecesario, proporcionando a los individuos nuevos

---

[168] Ibíd., pp. 45 y 46. Ley que debería regular un deber general de suministro para todas aquellas prestaciones consideradas esenciales para la existencia vital, la vía jurisdiccional a accionar (ordinaria, administrativa o ambas) y los principios y circunstancias que facultarían al obligado a realizar la prestación a denegarla.

ámbitos de dominio que permitan su independencia respecto del Estado[169].

Con ello, pues, no hay duda de que para FORSTHOFF el Estado debería intervenir sólo subsidiariamente, preconizando (en 1938) y consolidando (tras la Segunda Guerra Mundial) en buena medida algunos de los elementos destacados de lo que habría de ser el modelo de Estado de Bienestar de la República Federal Alemana.

V. CONSTITUCIÓN, ESTADO DE DERECHO Y ESTADO SOCIAL

1. Introducción

Se ha dicho ya que FORSTHOFF no limitó su producción científica al estricto campo del Derecho administrativo, si bien su teoría de la procura existencial es la parte de su obra más ampliamente difundida. Sin embargo, la importancia de sus escritos sobre Teoría del Estado y de la Constitución no debe menospreciarse, pues su concepto de Constitución y su teoría sobre la (in)compatibilidad constitucional entre Estado de Derecho y Estado Social[170] ocuparon un lugar destacado en el debate doctrinal alemán de los años sesenta. Además, una adecuada exposición de su teoría constitucional permitirá una mejor comprensión

---

[169] Ibíd., p. 44, e ÍD. "Problemas constitucionales...", cit., p. 66. Así, pone como ejemplo que, ante un supuesto de invalidez, primero hay que intentar recolocar al trabajador en otro empleo y, sólo después, darle la pensión de invalidez.

[170] HERDEGEN la califica de "inacabada, pero sutil y afinada en sí misma". Cfr. M. HERDEGEN. "Ernst Forsthoffs Sicht...", cit., p. 41.

Procura existencial, Estado de Derecho y Estado Social 105

de su construcción relativa a la procura existencial y, con carácter general, del conjunto de la producción científica de este autor[171].

Hoy en día no se discute el hecho de que de los artículos 20.1 y 28.1.1 de la Ley Fundamental de Bonn se desprende claramente que Alemania es un "Estado social y democrático de Derecho"[172]. Sin embargo, dicha cuestión fue objeto de un amplio debate desde la misma promulgación de la Ley Fundamental, debate en el que FORSTHOFF ocupó un lugar destacado y peculiar, por cuanto defendió, de forma tenaz y sin fisuras –independientemente de que se pueda o no estar de acuerdo con su opción– una posición minoritaria y discordante de la opinión mayoritaria, lo que le valió numerosas críticas. En efecto, la idea ampliamente generalizada de que la Ley Fundamental definía la República Federal Alemana, desde una perspectiva constitucional, no sólo como un Estado de Derecho sino también como un Estado social fue, desde un primer momento y plenamentem rechazada por FORSTHOFF, quien negó de modo tajante que Estado social y Estado de Derecho pudieran fusionarse y ser compatibles en el plano constitucional[173].

En las páginas que siguen se expondrán los rasgos fundamentales de la teoría constitucional forsthoffiana, los presupuestos

---

[171] MANGIA. "Introduzione", en *L'ultimo Forsthoff...*, cit., p. 3.
[172] Cfr. por ejemplo el clásico manual de J. IBSEN. *Staatsrecht I (Staatsorganisationsrecht)*, dreizehnte, überarbeitete Auflage, Luchterhand, 2001, p. 237, quien afirma, rechazando explícitamente las tesis de FORSTHOFF, que el hecho de que el principio del Estado Social aparezca sólo como adjetivo en los artículos 20 y 28 no cambia nada en relación con el hecho de que el Estado social es uno de los cuatro pilares sobre los que se asienta el orden constitucional establecido en la Ley Fundamental.
[173] FORSTHOFF. "Problemas constitucionales...", cit., p. 45.

de los que parte y en los que se funda, el método de interpretación que postula y el concepto de Constitución que defiende y, sobre todo, se analizarán las implicaciones de su teoría así como los objetivos y la finalidad a los que con dicha construcción aspiraba.

2. *La evolución del concepto de Constitución como punto de partida de la reflexión forsthoffiana*

Una vez más Forsthoff parte, para llevar a cabo sus reflexiones jurídicas en torno a una determinada cuestión, de la observación de la concreta realidad sociológica; realidad que, de nuevo también, contrastará con la realidad de la dogmática jurídica del momento para con ello elaborar su discurso científico. Para Forsthoff, las transformaciones tecnológicas, políticas, económicas y sociales que se han producido tras la Segunda Guerra Mundial han operado sin recurrir a los instrumentos del proceso constituyente, lo que es, sin duda, circunstancia indicativa del papel llamado a desempeñar actualmente por la Constitución. El punto clave del que hay que partir para una adecuada comprensión del papel que debe asignarse a las constituciones es, según Forsthoff, el hecho de que el denominado movimiento social (*soziale Bewegung*) no haya tenido éxito en su intento por establecer algún tipo de vinculación con la Constitución del Estado de Derecho. Prueba de ello es, sobre todo, el que sus contenidos y objetivos no se hayan integrado de forma eficaz en tales constituciones[174].

---

[174] E. Forsthoff. "Problematiche dell'interpretazione costituzionale", trad.

Es conocido que los Estados de Derecho de tradición continental fundamentaron su estructura en la confianza de la evidencia racional de la ley, con el objetivo de garantizar con ello la certeza de la libertad; a este fin, la jurisprudencia se vinculó a la ley de forma inextricable. En este sentido, el Estado de Derecho liberal burgués se caracterizó, por un lado, por un conjunto de normas emanadas por el legislador (claras, y autoevidentes, sin espacio para la interpretación) y, por otro lado, por un modelo de juez libre de condicionamientos y sometido a la ley[175]. Acorde con ello, el intérprete constitucional accedía al texto constitucional en su pleno significado sólo –pues con ellos bastaba– con los instrumentos de la interpretación, al existir la convicción de que dicho intérprete estaba separado del tiempo en su dimensión histórica[176].

Para FORSTHOFF, la Constitución del Estado de Derecho se define por su inmutabilidad, por ser "un edificio sistemático, un producto dotado de coherencia lógica en sus elementos individuales": parlamentarismo, división de poderes, indepen-

---

italiana a cargo de A. MANGIA del texto "Zur Problematik des Verfassungsauslegung", publicado originariamente en *Res Publica. Beiträge zum öffentlichen Recht*, t. 7, Stuttgart, Kohlhammer, 1961, y posteriormente revisado y ampliado en *Rechtsstaat im Wandel*, cit. La traducción de MANGIA se ha realizado sobre este último texto y se ha publicado en fD. *L'ultimo Forsthoff...*, cit., p. 49.

[175] E. FORSTHOFF. "Stato di diritto o Stato di giurisdizione?", trad. italiana a cargo de A. MANGIA del texto "Rechtsstaat oder Richterstaat?", en *Evangelischer Presseverband für Bayern*, München, 1970, y reproducida posteriormente en *Rechtsstaat im Wandel*, cit. La traducción se ha realizado sobre este último texto y se ha publicado en MANGIA. *L'ultimo Forsthoff...*, cit., p. 84.

[176] FORSTHOFF. "Stato di diritto...", cit., p. 84.

dencia judicial, reserva de ley, principio de legalidad de la Administración y derechos y libertades fundamentales[177]. Además, FORSTHOFF retoma como elemento esencial de esta Constitución la idea schmittiana del principio de separación (*Verteilungsprinzip*), que refleja la distinción entre libertades individuales y acción soberana del Estado, entendida esta última como conjunto de poderes por los que aquél tiene el derecho a intervenir sobre bienes jurídicos –libertad personal y propiedad– protegidos según el criterio de los derechos fundamentales[178].

Ahora bien, mientras que durante el primer constitucionalismo los elementos estructurales sobre los que se fundamentaba la Constitución del Estado de Derecho tenían suficiente fuerza para aglutinar en torno a su defensa el consenso de amplios grupos sociales[179], tras los procesos democratizadores de la primera mitad del siglo XX, dichos elementos devinieron valores que nadie puede osar ya poner en duda, esto es, valores acogidos y asumidos por la generalidad. Es en este sentido en el que FORSTHOFF habla de "déficit ideológico del Estado", esto es, pérdida –en térmi-

---

[177] E. FORSTHOFF. "Sulla situazione attuale di una doctrina della costituzione", trad. italiana a cargo de A. MANGIA del texto "Zur heutigen Situation einer Verfassungslehre", en *Epirrhosis. Festgabe für Carl Schmitt*, Berlin, Duncker Humblot, 1968, y también reproducida posteriormente en *Rechtsstaat im Wandel*, cit. La traducción de MANGIA se ha realizado sobre este último texto y se ha publicado en ÍD. *L'ultimo Forsthoff...*, cit., pp. 107 a 109.

[178] FORSTHOFF. "Sulla situazione attuale...", cit., p. 109.

[179] También porque las constituciones del siglo pasado no eran sólo instrumento para la realización de la garantía individual y de la mayoría democrática sino, sobre todo, instrumento para la realización de la unidad nacional. Cfr. FORSTHOFF. "Stato di diritto...", cit., p. 96, así como ÍD. "Sentido actual de las relaciones...", cit., p. 32.

nos de ideología– de buena parte de la sustancia y fuerza de la Constitución sin que, por el momento, haya podido hallarse reemplazo o sustituto a través del impulso del movimiento social[180]. Tal vez sea ello lo que explique, en su opinión, el que las constituciones del presente hayan perdido buena parte del esplendor que tenían en el siglo XIX[181].

La desideologización del Estado explica, según FORSTHOFF, las transformaciones sustanciales que ha experimentado el sentido y la función de las constituciones, que se han convertido –al menos en la parte tradicionalmente política, relativa a la disciplina de los órganos del Estado y a los procedimientos de formación de la voluntad estatal– en una ley más que se diferencia de las otras en el (más complejo) procedimiento de revisión[182]. En efecto, considera que el déficit ideológico ha modificado la estructura interna de la Ley Fundamental en términos posiblemente no buscados por los constituyentes, ya que se ha intentado suplir el déficit de la parte política mediante un excesivo reforzamiento de la interpretación constitucional de los restantes elementos y, en particular, del federalismo y los derechos fundamentales[183].

---

[180] Vid. FORSTHOFF. "Problematiche dell'interpretazione...", cit., pp. 53 a 55.
[181] FORSTHOFF. "Trasformazioni strutturali...", cit., p. 160. Cfr. también en el mismo sentido ÍD. "Sentido actual de las relaciones...", cit., p. 32, donde afirma que "la gran época de las constituciones, que empezó en el siglo XIX, se acerca a su fin".
[182] FORSTHOFF. "Stato di diritto...", cit., p. 97.
[183] Cfr. FORSTHOFF. "Problematiche dell'interpretazione...", cit., pp. 56 a 58. FORSTHOFF deja muy claro que su crítica se orienta al peso excesivo que se da a la interpretación constitucional de estos elementos, no al hecho de que estén contemplados en la Constitución, como efectivamente así ocurre de forma –afirma– "completamente legítima".

Forsthoff es consciente de que los cambios operados en las funciones del Estado tienen que incidir de algún modo en el concepto liberal de Constitución. Por un lado, la ampliación de las tareas estatales a lo largo de la primera mitad del siglo XX hace más actual y necesario el aseguramiento de los derechos del individuo a través de la Constitución; por otro lado, la transformación en la estructura social ha dado lugar a una sociedad radicalmente distinta a la existente en el momento en que fue concebida la Constitución del Estado de Derecho, tras el triunfo de la Revolución Francesa[184]. En este sentido, considera lógico y comprensible que el método de interpretación tradicional (el positivismo del siglo XIX) entre en crisis a principios del siglo XX, puesto que ya no es sostenible una interpretación constitucional que prescinda de los datos de la realidad[185].

Ahora bien, lo que Forsthoff no admitirá es que, como consecuencia de tales cambios y de la transformación en la relación del individuo con el Estado, la teoría tradicional de los derechos fundamentales deba ser superada en el modo en que postula la doctrina mayoritaria, fundamentalmente a través de la introducción del método de interpretación científico-espiritual y de la conversión de los derechos fundamentales en sistema de valores objetivos[186]. Y ello porque en su opinión, excede ampliamente del ámbito y de la función de la interpretación constitucional intentar utilizarla para eliminar (u ocultar) las contradicciones entre la Constitución (cuyos institutos proceden en gran medida del siglo XIX) y la realidad del presente,

---

[184] Forsthoff. "Stato di diritto...", cit., p. 85.
[185] Iniciándose así una discusión que Forsthoff consideraba, a fecha de 1969, aún por cerrar. Cfr. íd. "Stato di diritto...", cit., p. 85.
[186] Forsthoff. "Sulla situazione attuale...", cit., p. 109.

amparándose para ello en una armonía artificialmente construida[187]. Este es el reproche constante de Forsthoff a la doctrina mayoritaria de su época, que precisamente intentó superar dichas diferencias y contradicciones a través de la interpretación constitucional, lo que, en su opinión, desembocó en un abuso y tergiversación de la misma[188].

3. La crítica de Forsthoff al nuevo método de interpretación constitucional

Forsthoff se opone al método de interpretación constitucional que se ha generalizado en Alemania tras la Segunda Guerra Mundial, método al que denomina científico-espiritual y que se caracteriza, esencialmente, por una interpretación de la Constitución por parte del juez según valores materiales; una interpretación de los derechos fundamentales, por tanto, extensiva, fundada en criterios valorativos y cánones ideológicos[189]. Su crítica se fundamenta en diversos motivos.

Por un lado, se ha destacado cómo el déficit ideológico del Estado incide sobre la parte política de las constituciones liberales, hasta el punto de generarse un desequilibrio entre los elementos de esta parte política y el resto, particularmente los derechos fundamentales, que han adquirido un peso mucho mayor que en el pasado[190]. A ello se suma el creciente –en im-

---

[187] Forsthoff. "Begriff und Wesen des sozialen Rechtsstaates", en AA. VV. *Begriff und Wesen des sozialen Rechtsstaates*, Veröffentlichungen der Vereinigung der Deutschen Staatsrechtlehrer, n.º 12, Berlin, Walter de Gruyter, 1954, p. 9.
[188] Forsthoff. "Begriff und Wesen...", cit., p. 10.
[189] Forsthoff. "Problematiche dell´interpretazione...", cit., p. 72.
[190] Forsthoff. "Stato di diritto…", cit., p. 97.

portancia y en presencia– movimiento social y la ampliación de las funciones del Estado, que ha generado en la doctrina la creencia (y el sentimiento de *quasi* obligación moral) de que este complejo ordenamiento social debe ser introducido en la Constitución a través de los derechos fundamentales. Además, se alega la difuminación de las fronteras que delimitan las esferas del Estado y la sociedad para justificar la superación del principio de separación y, consecuentemente, la introducción de un nuevo método de interpretación de los derechos fundamentales[191].

FORSTHOFF considera que la interpretación constitucional que se está realizando (tanto por la doctrina mayoritaria como por el Tribunal Constitucional federal) pone en peligro la misma esencia del Estado de Derecho; se trata de una interpretación que genera incertidumbre y, por ello, produce la desestabilización de un ordenamiento que está, precisamente, basado sobre la certeza[192]. Esta desviación de la lógica del Estado de Derecho incide sobre la función de la magistratura, corriéndose el riesgo de pasar, así, de un absolutismo (del legislador) a otro (de los jueces)[193].

Dos ejemplos permiten a FORSTHOFF ilustrar los riesgos de dicho método interpretativo, así como la influencia que en éste tiene la jurisprudencia. Por un lado, el reconocimiento de la función social de la propiedad privada supone la introducción de una fórmula cuyo significado jurídico sólo puede determinarse mediante una decisión en el caso concreto, desestabilizando así

---

[191] FORSTHOFF. "Sulla situazione attuale…", cit., pp. 112 y 120.
[192] FORSTHOFF. "Stato di diritto…", cit., p. 83.
[193] FORSTHOFF. "Sulla situazione attuale…", cit., p. 114.

la garantía constitucional. Se trata de una disminución del nivel de garantía que afecta también al legislador, que –dado que la expropiación puede tener lugar no sólo a través de un acto administrativo fundado en la ley, sino también a través de una verdadera y propia ley, siempre que establezca al mismo tiempo la regulación de la correspondiente indemnización– corre el riesgo de que lo que él califique como intervención social sea considerado por la jurisprudencia como una expropiación. La consecuencia es, pues, la nulidad de la ley y la total desestabilización de la tutela constitucional de la propiedad[194].

Un segundo ejemplo se refiere al principio de igualdad, cuya finalidad originaria –la consecución de la igualdad de trato de todos los ciudadanos a través de la garantía de la generalidad de la ley– se vio notablemente ampliada a partir de los años veinte. Autores como LEIBHOLZ o TRIEPEL establecieron la vinculación del legislador a dicho principio, exigiéndole un trato igual a los iguales y desigual a los desiguales, atendiendo a la naturaleza de la desigualdad. Semejante acepción sustantiva sólo permitió un acuerdo negativo sobre el significado de dicho principio, cual es la prohibición de discriminación arbitraria dirigida al legislador (*Willkürverbot*), pero sin proporcionar –como ya pusiera de relieve ANSCHÜTZ– un criterio claro y practicable que permitiera captar la distinción entre igualdad y desigualdad[195].

En la misma línea, varias décadas más tarde FORSTHOFF pondrá de manifiesto la desestabilización que supone que no sea la propia

---

[194] FORSTHOFF. "Stato di diritto…", cit., pp. 87 y 88.
[195] Cfr. lo que se afirma al respecto en los clásicos manuales: J. IBSEN. *Staatsrecht II (Grundrechte)*, dreizehnte, überarbeitete Auflage, Luchterhand, 2001, pp. 241 a 248, y B. PIEROTH y B. SCHLINK. *Staatsrecht II (Grundrechte)*, 15 neubeareitete Auflage, C. F. Müller, 1999, pp. 101 a 106.

Constitución sino un procedimiento por ella previsto el que determine qué debemos entender, en relación con el caso concreto, por igualdad o discriminación arbitraria[196]. En su opinión, asumir dicha interpretación constitucional supone la introducción de un elemento ético en el Derecho constitucional cuando, precisamente, el elemento esencial sobre el que se apoya la Constitución del Estado de Derecho (y, por tanto, su certeza y univocidad) es la no contaminación con conceptos éticos que permitan interpretaciones diversas según el intérprete, desembocando irremisiblemente en la equivocidad, incertidumbre e inseguridad jurídica[197]. Así, la imprevisibilidad generada por la jurisprudencia al interpretar de este modo el principio de igualdad (y la consecuente desestabilización del sistema que tanto temía FORSTHOFF) halla su prueba más fehaciente en el hecho de que todos los recursos constitucionales constatan, de un modo u otro, una vulneración del principio de igualdad[198].

FORSTHOFF percibe el riesgo desestabilizador del sistema en las mismas funciones del Tribunal Constitucional federal, entroncando con el debate en torno a la necesidad de dicho tribunal mantenida en los años veinte y treinta por juristas como SCHMITT, TRIEPEL o KELSEN. Así, entenderá el control de las normas no como ejercicio de función jurisdiccional sino como cuestión de oportunidad política: no se está ante un conflicto sobre la interpretación de la Constitución o la ley sino ante una opinión,

---

[196] FORSTHOFF. "Stato di diritto...", cit., pp. 88 y 89, e ÍD. "Sulla situazione attuale...", cit., p. 113.
[197] FORSTHOFF. "Sulla situazione attuale...", cit., pp. 112 y 113.
[198] FORSTHOFF. "Stato di diritto...", cit., p. 91. Dicha jurisprudencia trae causa, también, de la pérdida de credibilidad que el concepto de Estado sufrió como consecuencia del nacionalsocialismo.

como opinión es la opción previamente tomada por el legislador. Una situación de este tipo hace concebible, en su opinión, el que una ley sea legítima inicialmente, inconstitucional en una fase posterior y luego de nuevo constitucional[199]. Por ello considera mucho más conveniente el que la función principal de un tribunal constitucional sea la elaboración de informes u opiniones sobre textos legales, pues con ello sí se garantizaría la certeza del Derecho[200]. Y es que las transformaciones sustanciales que ha experimentado el sentido y la función de las constituciones se reflejan para FORSTHOFF en la justicia constitucional, cuya actividad principal ha pasado a ser la resolución de procedimientos de control de leyes o de recursos de amparo para la tutela de los derechos fundamentales[201].

Para FORSTHOFF, ejemplos como los que se acaban de exponer ponen de manifiesto un determinado método de interpretación constitucional (el método científico-espiritual) generalizado entre los juristas de su época y que está en la base de la conversión de los derechos fundamentales de libertad en valores o, incluso, en un sistema de valores (*Wertsystem*). FORSTHOFF critica este método y la teoría de derechos fundamentales que a partir de él se ha construido, en la medida en que ha permitido la interpretación de éstos a partir de valores y cánones ideológicos, permitiéndose la entrada de contenidos éticos y morales

---

[199] Ibíd., pp. 93 a 95.
[200] Ibíd., p. 93. La corrección de errores jurídicos mediante la elaboración de informes no minimiza la credibilidad ni la estabilidad del Estado, como sí lo hace la declaración de inconstitucionalidad (y por tanto la nulidad) de, por ejemplo, una ley fiscal; tal declaración supondría, por sus efectos, devoluciones que pondrían en peligro las arcas del Estado.
[201] Ibíd., pp. 97 y 98.

en la Constitución, así como también la creación de jerarquías de valores[202]. Además, considera que esta concepción del sistema de derechos fundamentales no sólo afecta a la interpretación sino que, lógicamente, incidirá también sobre su aplicación (que se caracterizará por el relativismo y la incertidumbre)[203].

En relación con dicha concepción, FORSTHOFF plantea una serie de dificultades que suscita la asunción de dicha interpretación[204]. En particular, opone dos objeciones, a su modo de ver insalvables: por un lado, el que dicha teoría conduce a la desestabilización del Derecho constitucional y del ordenamiento y, por otro, el que implica el reconocimiento del efecto *inter privatos* de los derechos fundamentales (*Drittwirkung*), lo que convierte en deberes lo que eran libertades del individuo.

Como resultado de su consideración como sistema de valores, los derechos fundamentales son susceptibles de ser manipulados mediante su jerarquización y ordenación, transformando la decisión fundamental del constituyente en una delegación generalizada al intérprete constitucional. El resultado es el pago de un precio excesivo: la desestabilización de la Constitución. En efecto, al definir los valores como factores

---

[202] FORSTHOFF. "Sulla situazione attuale…", cit., p. 140.
[203] Cfr. FORSTHOFF. "Problematiche dell´interpretazione…", cit., pp. 56 a 58.
[204] Así, FORSTHOFF considera, entre otras cosas, que los derechos fundamentales difícilmente pueden considerarse como un sistema pero, aunque así fuera, tampoco está claro cuál sería la base que permitiría elevarlos a un sistema de valores. De igual modo, tampoco están claros los motivos en virtud de los cuales se excluyen institutos como el Parlamento o el principio de legalidad de dicho sistema: ¿deben entenderse estos institutos típicamente liberales como parte de otro sistema de valores distintos? Y si es así, ¿cómo se relacionaría con el sistema de valores de los derechos fundamentales? Cfr. FORSTHOFF. "Problematiche dell'interpretazione…", cit., p. 64.

en sí mismos inestables, concluirá que una interpretación constitucional orientada según valores conduce necesariamente a la desestabilización del Derecho constitucional, reflejando el debilitamiento del Estado y el intento por positivizar la vida social y al mismo individuo. Se sustituye, de este modo, la libertad propia del individuo por una objetividad de valores sólo aparente, pues a ella subyace una ideología; con el agravante, además, de que "quien se entrega a valores no puede por razones de método oponerse a la preordenación, al cambio y a la subordinación de éstos"[205].

La desestabilización de la Constitución se agudiza, además, con la tesis de la eficacia *inter privatos* de los derechos fundamentales. En efecto, si los derechos fundamentales son considerados como valores objetivos, nada obliga a que sea sólo el Estado el único sujeto vinculado a ellos, abriéndose las puertas a su eficacia entre particulares –lo que es defendido por un importante sector doctrinal y en parte también por el Tribunal Constitucional–. Con la consecuencia, en su opinión, de que si el individuo está vinculado a los derechos fundamentales como valores objetivos, lo que originariamente eran derechos de libertad se transformaría en su exacto contrario, esto es, en vínculos obligatorios. Forsthoff critica duramente la tesis de la *Drittwirkung*, porque cree que el hecho de que puedan accionarse los derechos fundamentales frente a particulares y no sólo frente al Estado genera inestabilidad e inseguridad, desde el momento en que no todos sino sólo algunos (y siempre a decidir caso por caso) son susceptibles de dicho efecto[206].

---

[205] Forsthoff. "Stato di diritto...", cit., pp. 100 y 101, y también íd. "Sulla situazione attuale...", cit., pp. 112 a 115.

El rechazo frontal que manifiesta FORSTHOFF frente a la concepción de los derechos fundamentales como sistema objetivo de valores en los que se fundamenta el ordenamiento trae causa de lo acaecido durante los periodos weimariano y nacionalsocialista. En efecto, es el fracaso de la experiencia weimariana lo que podría, en parte, explicar su insistencia por evitar la desestabilización del sistema político y del ordenamiento constitucional, su férrea defensa de una interpretación constitucional exenta de elementos valorativos o ideológicos y sus esfuerzos dogmáticos por dotar al ordenamiento jurídico de una Constitución que garantice la limitación del poder. Así, para FORSTHOFF, no hay motivos para apartarse de una interpretación constitucional tradicional basada en la literalidad de contenidos (*Wortlaut*) y en estructuras conceptuales (*bregriffliche Struktur*), pues el nuevo método nada aporta a la estabilización del sistema sino todo lo contrario, tal y como prueba el pasado reciente[207].

FORSTHOFF señala que el criterio científico-espiritual tal vez tuvo sentido en un determinado momento histórico especialmente inestable, convulso y de transición, en el que todo de-

---

[206] FORSTHOFF. "Stato di diritto…", cit., pp. 101 y 102, así como ÍD. "Sulla situazione attuale…", cit., pp. 115 y 116.

[207] Cfr. FORSTHOFF. "Problematiche dell'interpretazione…", cit., p. 66. Y ello a pesar de que el método científico-espiritual no se habría generalizado antes de 1945, de modo que los derechos fundamentales en Weimar se interpretaban aún en buena medida de acuerdo con los cánones tradicionales, lo que seguramente dificultó la toma de poder absoluto por parte del nacionalsocialismo. Al menos, esto es lo que parece deducirse de su afirmación "Si el nacionalsocialismo de 1933 se hubiera topado con los derechos fundamentales interpretados como valores, no habría necesitado desembarazarse de ellos". Cfr. FORSTHOFF. "Sulla situazione attuale…", cit., p. 115.

bía ser puesto en tela de juicio (los años veinte y treinta), pero no en la nueva fase iniciada a partir de 1945 y caracterizada por la estabilidad y la racionalidad propias del progreso burocrático-industrial. Señala también que los riesgos ínsitos a dicho método pueden no ser evidentes o no tener consecuencias especialmente negativas en momentos de despolitización o de bienestar creciente, pero sí pueden conllevar resultados graves y dañinos para el ordenamiento y el sistema político en periodos especialmente complicados de crisis, transición o cambios[208].

Ciertamente, la posición forsthoffiana respecto a la teoría de los derechos fundamentales como sistema objetivo de valores es muy crítica, como lo demuestra la dureza de la siguiente afirmación, no exenta de ironía: "Tal vez de hecho aumentará la estabilidad formal de una Constitución entendiéndola de este modo, desde el momento en que una Constitución que opere como catálogo de valores mudables no supone un obstáculo para nadie y por ello no vale ni siquiera la pena su abolición. Pero, ¿es ésta en verdad la Constitución que se quiere?"[209].

4. *La Teoría sobre la Constitución de Forsthoff*

El origen[210] del debate en torno a la (in)compatibilidad entre Estado de Derecho y Estado social lo sitúa FORSTHOFF en la propuesta

---

[208] FORSTHOFF. "Problematiche dell'interpretazione...", cit., pp. 69 a 72.
[209] FORSTHOFF. "Sulla situazione attuale...", cit., p. 141.
[210] Cfr. FORSTHOFF. "Problematiche dell'interpretazione...", cit., pp. 49 y 50. FORSTHOFF remite a VON STEIN y a su teoría sobre la monarquía social como la primera concepción de un Estado Constitucional Social. Para VON STEIN, el Estado se basa sobre la igualdad de derechos de los ciudadanos y la sociedad, en cambio, sobre la desigualdad; así, el Estado, colocándose

de Naumann de que la Constitución de Weimar se aproximara al "espíritu del hombre moderno" mediante la inclusión de garantías sociales, fusionando ambos conceptos. La Constitución de Weimar fue, así, un intento por tomarse en serio el Estado social de Derecho, aceptando en sus derechos fundamentales gran número de garantías sociales que, sin embargo, ocasionaron numerosos problemas interpretativos y acabaron siendo consideradas meras normas programáticas que vinculaban sólo al legislador. No puede olvidarse que dicho texto constitucional fue, al fin y al cabo, un texto de compromiso, muchos de cuyos preceptos eran contradictorios entre sí, o lo suficientemente ambiguos y vacíos de contenido como para que nada (o poco) pudiera ser deducido de ellos.

Fue en este periodo en el que, según Forsthoff, se reveló con toda su virulencia la incompatibilidad estructural –ya existente– entre los elementos en los que se fundaba el Estado de Derecho liberal y los elementos sociales que habían surgido como consecuencia de los procesos de industrialización, urbanización y tecnificación[211]. Y fue, también, el colapso de la República

---

no *junto a* sino *por encima de* la sociedad (vinculándose al interés de la colectividad) puede impedir la formación de clases o estamentos y la puesta en peligro de aquella igualdad. Para Von Stein lo social se reduce, en el plano constitucional, a la aceptación de la igualdad de los ciudadanos, siendo en el plano de la Administración donde deben colocarse las prestaciones relativas a la previsión de necesidades sociales. Sin embargo, señala Forsthoff, el intento de Von Stein de fundar una monarquía social no puede considerarse culminada, por cuanto no logró fusionar elemento social y Estado de Derecho. Señala Forsthoff cómo fue este impulso social lo que condujo a Von Stein a centrar su atención no tanto en la Teoría constitucional como en la ciencia de la Administración. Cfr. Forsthoff. "Begriff und Wesen…", cit., p. 13.

de Weimar lo que evidenció el fracaso del intento por reunir en el plano constitucional Estado de Derecho y Estado Social. Lo que a su vez prueba, en su opinión, la extraordinaria consistencia del Estado de Derecho frente a los intentos por "rellenarlo" con contenidos sociales, hasta el punto que no se ha dado ninguna Constitución democrática en la que haya tenido éxito la separación de las estructuras clásicas del liberalismo en materia de derechos fundamentales[212].

a. La (in)compatibilidad constitucional
entre Estado de Derecho y Estado Social

El punto de partida para la elaboración de la teoría constitucional forsthoffiana es el análisis de la conexión entre el Estado de Derecho (de libertades) y el Estado Social (de prestaciones), preguntándose si dos Estados tan distintos pueden realmente formar parte de un mismo orden estatal. En este sentido, FORSTHOFF es consciente de que Estado de Derecho y el Estado Social son ambos expresión y reflejo de fuertes tendencias espirituales, siendo este último el que ahora lucha por su reconocimiento en la Constitución[213].

---

[211] Cfr. FORSTHOFF. "Problematiche dell'interpretazione...", cit., p. 51.
[212] FORSTHOFF. "Begriff und Wesen…", cit., p. 12. En efecto, para FORSTHOFF el Estado de Derecho es un Estado que no puede ocultar su origen liberal, estructuralmente unido a la Constitución y separado de la esfera social. Debido a dicha vinculación estructural, el intento de la Constitución de Weimar de colocar derechos sociales junto a derechos liberales fracasó, al convertirse los primeros en normas programáticas de las que no se desprendía, por lo tanto, un contenido de inmediata aplicación como sí, en cambio, en el caso de los segundos. Cfr. FORSTHOFF. "Sentido actual de las relaciones...", cit., p. 31.

FORSTHOFF analizará las diferencias estructurales y conceptuales que existen entre ambos Estados, partiendo, eso sí, de la base de que el Estado moderno se concibe a sí mismo como Estado social, puesto que así lo reconoce la misma Ley Fundamental de Bonn[214]. La cuestión clave es, según ello, si el Estado Social –o que parte del mismo– ha tenido (o puede tener) acogida en la estructura de una Constitución de Estado de Derecho, esto es, si se han unido formando una unidad. Lo que desde luego está claro –dice– es que el Estado Social de Derecho no puede definirse ni caracterizarse como la suma de ambos. Una solución de compromiso que tomara los elementos de uno y otro que mejor se adaptaran o complementaran entre sí no es posible en ningún caso[215]. Veamos ahora cuáles son los motivos por los que FORSTHOFF postula la incompatibilidad constitucional entre Estado de Derecho y Estado Social.

– El Estado como poder de dominación
y como prestador de servicios

FORSTHOFF parte de que, sea cual sea la forma que el Estado adopte, es inherente a su misma esencia el que se trata de una organización de poder que se asienta sobre la obediencia[216]. Surge en este punto, un primer elemento que pone de relieve la posible incompatibilidad entre Estado social y Estado de Derecho; a saber, cómo combinar adecuadamente el desempeño por parte del Estado de funciones de tipo social con el poder de dominación

---

[213] FORSTHOFF. "Begriff und Wesen…", cit., p. 14.
[214] FORSTHOFF. "Problemas constitucionales…", cit., p. 46.
[215] FORSTHOFF. "Begriff und Wesen…", cit., pp. 9-14.
[216] FORSTHOFF. "Problemas constitucionales…", cit., p. 46.

que al mismo tiempo le caracteriza. El elemento social del Estado (el Estado como prestador y redistribuidor) no halla fácil encaje en la concepción del Estado como poder organizado de dominación y sí, por el contrario, genera el riesgo de convertirse en instrumento de dominación del individuo. En efecto, no es descabellado que el Estado pueda utilizar la dependencia que el individuo tiene respecto de las prestaciones estatales para dominarle, haciendo depender la obtención y el disfrute de éstas de un determinado comportamiento político del individuo. En este sentido, señala, "ningún Estado corre mayor riesgo de ser instrumentalizado al servicio de los poderosos del momento que el Estado social"[217].

---

[217] Ibíd., pp. 51 y 65. En este sentido, considera que la situación vivida en la segunda posguerra mundial –en la que el Estado repartía alimentos, vestidos y otros bienes mediante el sistema de cartillas y racionamientos– era una situación próxima a dicha dominación, por cuanto el ciudadano estaba prácticamente sometido al Estado.
Para DUGUIT el incremento de los servicios públicos no tiene como consecuencia necesaria un aumento del poder de los gobernantes. En efecto, dicho autor considera que a los gobernantes se les impone una obligación general de organizar el funcionamiento y la prestación ininterrumpida de una serie de servicios industriales; obligación que no sólo no se reduce al aseguramiento de los tradicionales servicios de guerra, policía y justicia, sino que se halla en contradicción con la noción de soberanía, núcleo sustancial de estos últimos, pero no de aquéllos, en los que destaca no el poder de mando, sino la obligación de obrar prácticamente. Por lo tanto, el poder que se reconoce a los gobernantes es poder en razón de los deberes que les incumben y no existe más que en la medida en que cumplen con ellos. Sin embargo, admite que en la realidad se corre el riesgo de que, de hecho, tal poder de dominación exista y llegue a incrementarse, por lo que introduce como elemento compensador y de control la posibilidad de que la gestión de los servicios no dependa directamente de los mismos gobernantes. Así, para DUGUIT "decir que un servicio público deviene o

Ciertamente, matiza FORSTHOFF, un Estado que se aprovecha de las necesidades sociales de sus ciudadanos para incrementar su poder de dominación en lugar de intentar garantizarles una existencia digna no puede ser calificado como Estado Social sino como Estado total, por lo que función social y dominación se excluyen mutuamente[218]. En este sentido, por lo tanto, no habría problemas de incompatibilidad entre Estado de Derecho (como organización de poder) y Estado Social (como organización prestadora), en tanto en cuanto se evitara el riesgo o peligro de los excesos del Estado; del mismo modo, tampoco cabría hablar de incompatibilidad si el Estado se excediera en su poder porque, como se ha dicho, no estaríamos ya ante un Estado Social.

Sin embargo, señala FORSTHOFF, la actual dependencia del individuo moderno respecto del Estado difumina en alto grado la separación entre dominación y funciones sociales, aumentando el riesgo de que el Estado Social sea instrumentalizado[219].

---

llegará a ser un servicio público es decir que este servicio será organizado por los gobernantes, que funcionará bajo su intervención y que deberán asegurar su funcionamiento sin interrupción. Pero esto no quiere decir necesariamente que los agentes encargados de la gestión del servicio, y las riquezas que están afectas a él sean colocados bajo la dependencia inmediata y directa de los gobernantes [...] descentralización regional [...] descentralización patrimonial [...] descentralización funcionarista [...] concesión". Cfr. DUGUIT. *Las transformaciones...*, cit., pp. 46 a 48 y 109 a 111.

[218] FORSTHOFF. "Problemas constitucionales...", cit., pp. 51 y 52.

[219] Ibíd., pp. 53 a 55. Así, afirma que "la tentación de dominar allí donde se ayuda, fomenta o subvenciona, es demasiado grande para poderla resistir siempre. El individuo, que conoce su dependencia del Estado, no está en situación de oponerle resistencia [...] quien recibe ayuda del Estado se siente dependiendo de él y está inclinado a plegársele. En consecuencia, la intensidad del dominio del Estado es incomparablemente mayor de lo que

En evitar o minimizar dicho riesgo radica, en su opinión, una de las principales y más importantes tareas que incumben a la doctrina puesto que, por un lado, está claro que cualquier Estado que no quiera poner en peligro su existencia debe seguir proporcionando las prestaciones características del Estado Social pero, por otro lado, es también evidente que un Estado democrático de Derecho debe necesariamente basarse en una renuncia a transformar estas funciones sociales en funciones de dominación[220]. Al respecto ha señalado recientemente RONELLENFITSCH que la contribución de FORSTHOFF a dicha tarea fue, precisamente, la configuración de las prestaciones de la procura existencial como prestaciones sometidas a vinculaciones jurídico-públicas, al margen de la forma jurídica en la que éstas se presten[221].

– Las garantías constitucionales

Otro de los argumentos que FORSTHOFF utiliza para poner de relieve la incompatibilidad entre Estado Social y Estado de Derecho es el de los tipos de garantías posibles que pueden hallarse en las constituciones: garantías técnico-jurídicas y garantías jurídico-sociales. Las primeras consisten en limitaciones (el Estado se limita a sí mismo) que garantizan libertades mediante la separación del individuo del Estado, manteniendo, por tanto, con ello el *status quo* y la situación social del individuo. Así, la libertad personal o la libertad de conciencia constituyen lími-

---

parece según la literalidad de los derechos fundamentales garantizados en las constituciones".

[220] FORSTHOFF. "Problemas constitucionales...", cit., pp. 53 a 55.
[221] RONELLENFITSCH. "Daseinsvorsorge als Rechtsbegriff...", cit., p. 60.

tes que acotan los ámbitos ante los cuales el poder del Estado debe detenerse. Para Forsthoff, estas garantías son perfectamente posibles en las constituciones del Estado de Derecho en sentido liberal. En cambio, las garantías jurídico-sociales, que consisten primariamente en participación y vinculan al individuo con el Estado (pues éste no le abandona a su situación social sino que presta, distribuye, redistribuye y reparte), sólo en contadas y excepcionales ocasiones tienen acceso a las constituciones del Estado de Derecho[222].

Forsthoff observa que Estado Social y Estado de Derecho son radicalmente contrarios en cuanto a intenciones. Además, cada uno establece instituciones, formas y conceptos referidos, bien a la libertad, bien a la participación, por lo que la configuración de uno y otro es radicalmente distinta. Según Forsthoff las libertades tienen un contenido concreto, mientras que los derechos de participación no tienen un contenido susceptible de reglamentación previa, sino que necesitan modulación en el marco de lo oportuno, lo necesario y lo posible, debiendo dejarse la fijación de dicho baremo a la ley y a la actuación administrativa de desarrollo. En ello radica uno de los puntos diferenciales, porque el Estado de Derecho se fundamenta en un concepto de ley como norma abstracta y general, con un contenido concreto que permita su aplicación, lo que es perfectamente posible respecto de las limitaciones que establecen o reconocen libertades, pero no respecto de los derechos de participación[223].

Por lo tanto, reconocer vinculación jurídica directa a las garantías sociales (esto es, considerarlas no simples promesas programáticas

---

[222] Forsthoff. "Begriff und Wesen...", cit., pp. 18 y 19.
[223] Ibíd., pp. 19 a 21.

sino elementos estructurales de la Constitución) implica dotarlas del valor de verdaderas garantías. Ello conllevaría, lógicamente, el reconocimiento de la Ley Fundamental como Constitución social de Derecho, algo a lo que, como ya se ha dicho, FORSTHOFF se opuso rotundamente.

– Las diferencias estructurales entre Derecho constitucional y Derecho administrativo

FORTSHOFF analiza el Derecho constitucional y el Derecho administrativo desde la perspectiva del Estado Social, observando –a la luz de las transformaciones producidas desde la segunda mitad del siglo XIX– notables diferencias estructurales entre uno y otro. Mientras el primero parece haber sido incapaz de adaptarse y de asumir la nueva realidad, el segundo ha sufrido un amplio proceso de reformulación en su sistemática, proceso que no puede considerarse cerrado pero sí lo suficientemente avanzado. El discurso es, en este sentido, paralelo a la distinción que realizó entre Administración interventora y Administración prestadora. Así, ésta no ha podido servirse de las formas tradicionales típicas de la actividad administrativa, lo que ha obligado a recurrir bien a formas de Derecho privado, bien a imprecisas y vagas formulaciones jurídicas de difícil interpretación. En su opinión, la tradicional estructura del Derecho administrativo (sustentada sobre la noción de ley y el principio de legalidad de la Administración) está en buena medida superada, y las nuevas formas de actuación administrativa exigen nuevas garantías jurídicas. La solución a todo ello se ha buscado en garantías como el principio de igualdad o el libre desarrollo de la personalidad, con un resultado más bien insatisfactorio. Por ello se planteará, incluso, si la cuestión de la reducción a la unidad de ambas Administraciones tal vez no tenga solución, debiendo ser la estructura del Derecho administrativo moderno dual[224].

Siguiendo un razonamiento similar, FORSTHOFF afirma que las más importantes tareas del siglo XX en el terreno político quedan fuera del ámbito clásico del Derecho constitucional, mientras crece y se reafirma la importancia del Derecho administrativo. En efecto, para FORSTHOFF las tareas propias de la procura existencial son "tareas que ya nada tienen que ver con la Constitución: pueden ser resueltas bajo cualquier orden constitucional, y son fundamentalmente tareas de la Administración y de la legislación ordinaria"[225]. La prueba más evidente de todo ello la ofrece la misma evolución de Alemania tras la Segunda Guerra Mundial. El logro de este país fue, según FORSTHOFF, el haber logrado mantener –sin tensiones sociales importantes– relativamente intacta la garantía de la propiedad privada establecida en la Ley Fundamental –siendo, como sabemos, el derecho a la propiedad privada uno de los pilares sobre los que se sustenta la estructura del Estado de Derecho y su Constitución– y, al mismo tiempo, cumplir con las funciones y exigencias sociales que la realidad demanda. De lo que se desprende que la tarea estatal de la igualdad social (la procura existencial) no se logra ni se realiza a través de la Constitución, sino que se resuelve a nivel infraconstitucional, en el terreno de la legislación y de la Administración[226].

Ello fue posible por el modo en que se produjo la reactivación y evolución de la economía alemana, que rápidamente gene-

---

[224] Ibíd., pp. 13 y 14.
[225] FORSTHOFF. "Sentido actual de las relaciones...", cit., pp. 27 a 33.
[226] Ibíd., pp. 30 a 32.

ró excedentes financieros y, con ello, abrió la posibilidad de que el Estado utilizara su soberanía impositiva no como mecanismo de autofinanciamiento sino como instrumento de distribución social. Señala FORSTHOFF que es precisamente esta soberanía financiera e impositiva del Estado y, en general, el sistema distributivo lo que fundamenta y permite la existencia actual del Estado de Derecho. En efecto, el ciudadano se legitima en el sistema por medio de su contribución impositiva, en virtud de la cual puede exigir la garantía y protección de sus derechos y libertades y, al mismo tiempo, el Estado utiliza dichos ingresos derivados de la tributación para llevar a cabo sus tareas de procura existencial sin, por tanto, necesidad de modificar la esencia de su estructura de Estado de derecho[227].

b. La Teoría de la Constitución forsthoffiana: método de interpretación constitucional, concepto de Constitución y derechos fundamentales

FORSTHOFF considera que una adecuada comprensión del sentido y tarea actuales de la Constitución requiere conservar la racionalidad de la misma, manteniendo dentro de los cauces de la lógica (con los corolarios de la previsibilidad y la inteligibilidad) las técnicas de interpretación y de aplicación de la Constitución. Pero ello hace, a su vez, necesario e imprescindible protegerla de las "oscilaciones de la vida cultural y so-

---

[227] Ibíd., pp. 28 a 31. En este sentido, es contundente su afirmación de que "nosotros pagamos la amplia base de derechos fundamentales que tenemos con unas cuotas y tasas impositivamente muy elevadas, que posibilitan el sostenimiento de las tareas de igualdad social con la misma estructura del Estado de derecho".

cial en la cual por la fuerza de las cosas el jurista debe necesariamente moverse"[228]. Por lo tanto, ante los peligros que genera el método científico-espiritual y la concepción de los derechos fundamentales como sistema de valores, FORSTHOFF propone el mantenimiento y aislamiento de la Constitución propia del Estado liberal de Derecho, puesto que, en tanto que sistema de artificios y tecnicismos jurídicos de gran rigor dogmático y formalismo, es la única capaz de garantizar las necesidades fundamentales del Estado.

FORSTHOFF es consciente de que esta concepción de la Constitución del Estado de Derecho como un sistema de artificios y tecnicismos jurídicos ha generado muchas críticas, pero matiza que no pretende ser un intento por minusvalorar su valor, sino todo lo contrario. El objetivo perseguido por FORSTHOFF es evitar los errores que se cometieron con la Constitución de 1919, que en su intento por ser *no sólo* una Constitución liberal, fracasó. La manera de evitar que se vuelvan a repetir sus errores es aislar los elementos que permiten la limitación del poder del Estado (esto es, los elementos estructurales de la Constitución del Estado de Derecho: división de poderes, principio de legalidad de la Administración, derechos fundamentales, reserva de ley), garantizando, con ello, las libertades. Dichos elementos, en tanto que institutos de la Constitución, deben ser definidos técnicamente para poder servir a aquella realización sin que, al mismo tiempo, se sometan a la satisfacción de expectativas de comportamiento ideológico[229]. Se observa, pues, cómo la experiencia alemana del período de entreguerras in-

---

[228] FORSTHOFF. "Sulla situazione attuale...", cit., p. 142.
[229] Cfr. FORSTHOFF. "Problematiche dell'interpretazione...", cit., p. 60.

fluye en el pensamiento y la obra de este autor como lo hizo, de hecho, en toda aquella generación que tuvo que reelaborar y reconstruir la ciencia del Derecho público en la Alemania de la posguerra. En este sentido, FORSTHOFF afirma que, en realidad, detrás de ambas formas de entender e interpretar el Estado de Derecho y los derechos fundamentales late con fuerza el recuerdo del período nacionalsocialista[230].

Por lo tanto, el recurso a la Constitución del Estado de Derecho es, para FORSTHOFF, una solución que permite evitar con eficacia abusos como los cometidos durante la época del nacionalsocialismo. FORSTHOFF, ciertamente, es consciente de que la Constitución del Estado de Derecho responde a unas necesidades políticas, sociales y económicas radicalmente distintas a las de los años cincuenta y sesenta. En efecto, el siglo XIX se caracterizó por una separación real entre Estado y sociedad, en la que ésta está representada en aquél a través del Parlamento –que elabora leyes generales que autorizarán, en su caso, intervenciones en la libertad y la propiedad– y está protegida en su autonomía por los derechos fundamentales. Es en este contexto histórico en el que surgieron las constituciones liberales del Estado de Derecho burgués[231].

Este hecho llevará a que FORSTHOFF se plantee la posibilidad de que el Estado de Derecho, en tanto que producto de un momento político y social concreto, pueda ser sólo y necesariamente un Estado de Derecho liberal burgués, estando cualquier otro intento de configuración distinta (por ejemplo, una eventual

---

[230] FORSTHOFF. "Sulla situazione attuale...", cit., p. 140. Sin embargo, reconoce también que, más allá de este esfuerzo y voluntad, ambas concepciones son radicalmente distintas.

[231] FORSTHOFF. "Sentido actual de las relaciones...", cit., p. 14.

fusión a nivel constitucional con el Estado Social) destinado al fracaso. Y por esta razón se planteará, por un lado, si existe y si es posible hallar una solución igualmente eficaz sin tener que recurrir a lo que en principio parece, en pleno siglo XX, poco más que un producto histórico y anacrónico y, por otro lado, si es verdaderamente útil y necesario plantearse cómo y hasta dónde es posible compatibilizar Estado de Derecho y Estado Social. Dicho en otros términos, lo que FORSTHOFF se pregunta es si intentar adaptar la Constitución tradicional a los constantes cambios políticos y sociales no es, en realidad, un error que hace que el contenido de la misma dependa siempre y en cada momento de la concreta situación, lo que llevaría finalmente a su disolución[232].

Para intentar resolver tales cuestiones, se pregunta qué es lo que se tiene al alcance de la mano para poder sustituir eficazmente la Constitución del Estado de Derecho liberal. Para FORSTHOFF no existe, en el momento en que escribe, material ideológico disponible alguno que permita pensar siquiera en la posibilidad de otra solución más adecuada. Es más, en su opinión, la disolución de la forma liberal clásica supone la liberación de energías culturales e ideológicas ocultas, con el consiguiente riesgo que ello conlleva para la estabilidad y la pervivencia del Estado. Y es a evitar este riesgo a lo que se orienta su construcción, en la que de nuevo subyace el recuerdo de cuanto sucedió entre los años 1933 y 1945 en su país[233].

Por lo tanto, la respuesta a dicha cuestión nos da la clave que explica la opción tomada en pro del mantenimiento de la Cons-

---

[232] FORSTHOFF. "Begriff und Wesen...", cit., pp. 15 y 16.
[233] FORSTHOFF. "Problematiche dell'interpretazione...", cit., p. 62.

titución del Estado de Derecho y en contra de su fusión –constitucional– con los elementos e instituciones propias del Estado Social. En su opinión, son los principales logros del Estado de Derecho (a saber, la fiabilidad, certeza y calculabilidad jurídica, así como un alto nivel de formalismo y abstracción) los que han permitido su separación y emancipación de la forma de Estado de Derecho histórico –surgido en un momento y sobre unas bases sociológicas distintas a las actuales– y su pervivencia en las condiciones presentes. Es esta circunstancia y no la pretendida flexibilización de su estructura jurídico-política para su acomodo a las nuevas necesidades modernas lo que explica la vigencia actual del Estado de Derecho[234].

Ahora bien, la defensa de dicha vigencia no supone que FORSTHOFF defendiera también una interpretación constitucional sin correlación alguna con la realidad, principal crítica que dirigió contra él la doctrina mayoritaria, que le acusó de propugnar y retomar el positivismo liberal clásico. Acusación que fue rechazada por FORSTHOFF, para quien la situación que permitió el surgimiento del positivismo clásico era radicalmente distinta a la situación de mediados del siglo XX, lo que impide de plano contemplar la posibilidad de dicho retorno al positivismo. En efecto, el positivismo del siglo XIX se desarrolló en un determinado entorno político (la unidad alemana en el marco del Segundo Imperio) y bajo unas concretas condiciones jurídicas ante las que sólo cabía una actitud acrítica con relación al Derecho positivo[235]; en cambio, a lo largo del primer trentenio del siglo XX y, sobre todo, tras la Segunda Guerra Mundial, los juristas apren-

---

[234] FORSTHOFF. "Begriff und Wesen...", cit., pp. 16 y 17.
[235] FORSTHOFF. "Sulla situazione attuale...", cit., p. 142.

dieron del propio pasado que no era posible una confianza total y acrítica frente a la ley[236].

Por todo ello, FORSTHOFF considera que sería absurdo postular que la Ley Fundamental se deba interpretar sin correlación con la realidad, ya que ello implicaría considerar el Estado de Derecho como un relicto ideológico y no entender, en cambio, que la tarea a la que se enfrenta la doctrina actual consiste en garantizar al individuo un espacio autónomo de libertad al margen y no en el seno de la organización estatal. Y la solución que defiende FORSTHOFF para hacer frente a las crecientes amenazas a las libertades individuales –amenazas muchas veces vinculadas a la técnica y a la economía– se basa en dotar al ordenamiento con una Constitución edificada sobre el principio de separación, que sea capaz de delimitar de forma clara, neta y lógica la esfera de acción previsible y factible del Estado[237].

Ciertamente, señala FORSTHOFF, la situación de la sociedad de la segunda posguerra no puede equipararse a la situación que se vivía en el momento de máximo apogeo del Estado liberal burgués: la sociedad de los cincuenta y sesenta no es una sociedad autónoma en el sentido que se atribuía a la misma expresión en el siglo XIX. Sin embargo, lo cierto es que se había alcanzado un nivel de estabilidad y de autonomía muy superior (y desde luego impensable) al existente en la época de Weimar, siendo este hecho uno de los elementos clave que permiten a FORSTHOFF afirmar que "la Constitución del Estado de Derecho goza hoy de una fortuna que nadie le habría augurado en 1939:

---

[236] FORSTHOFF. "Problematiche dell'interpretazione...", cit., pp. 74 a 76.
[237] FORSTHOFF. "Sulla situazione attuale...", cit., p. 143.

y por ello ha vuelto a ser perfectamente factible, si bien con algunas modificaciones observables, por ejemplo, en el concepto jurídico de ley"[238].

5. El concepto y la significación del Estado Social en Forsthoff

a. La articulación del Estado Social en el ordenamiento jurídico

FORSTHOFF fue siempre consciente de que la suya era una opción minoritaria y polémica; seguramente por ello, quiso dejar muy claro –y lo repite insistentemente en su obra– que con su tesis no postulaba, ni mucho menos, el desmantelamiento de la legislación social sino, en cierta medida, todo lo contrario. En efecto, FORSTHOFF afirma que el objetivo último de su construcción es el mantenimiento inalterado del papel de la Constitución, del cual depende, hoy más que nunca, el actual ordenamiento social. Ciertamente, buena parte de la producción forsthoffiana en materia constitucional parece encaminada a garantizar el papel y la pervivencia de la Constitución, por lo que es factible colegir que con ello buscaba también garantizar el papel y la importancia (si bien a otro nivel o dimensión) de dicho ordenamiento social, que tanto depende de aquélla. Los reproches a este autor deben centrarse, pues, en que la garantía del ordenamiento social la colocaba a nivel infraconstitucional, pero no en su rechazo[239].

---

[238] FORSTHOFF. "Problematiche dell'interpretazione...", cit., p. 73.
[239] El hecho de que defendiera la mencionada incompatibilidad y las ineludibles críticas que a ello pueden hacerse no debe oscurecer su preocupación por lo relativo a la normativa social. Prueba de ello es no sólo el hecho de

En efecto, Forsthoff dice no pretender negar lo innegable, a saber, la clara reelaboración en sentido social que se ha producido en el ordenamiento jurídico a lo largo del siglo XX e incluso antes; primero con una serie de medidas de intervención estatal aisladas y concretas (tutela de los trabajadores, del horario laboral, seguridad social), y luego –en Weimar– mediante la configuración de un sistema orgánico denominado Estado Social[240]. En ningún momento cuestiona, pues, el hecho de que el ordenamiento social sea parte indiscutible de la Constitución *en sentido material*, como lo demuestra, por otra parte, el que los componentes sociales del ordenamiento jurídico presenten una elevada estabilidad y pervivencia[241].

De este modo, la reflexión de Forsthoff se centra en analizar si esta tendencia social evidente exige de manera necesaria el abandono del principio de separación y del concepto de libertad propio de la doctrina liberal, como afirma la mayor parte de la doctrina. Su respuesta es contundente: no existe tal necesidad. Una de los elementos que ratifican esta tesis es el hecho de que en el actual momento del desarrollo técnico-industrial la redistribución social se ha hecho posible sobre todo vía impuestos y sin que, sustancialmente, se haya intervenido en el reparto de bienes. Esto es, la garantía de la propiedad característica de las constituciones liberales se ha mantenido intacta, por lo que Forsthoff no ve razón para que ello no sea así con

---

que fuera el primero en teorizar la procura existencial, sino también, por ejemplo, el que considere que el movimiento social es "el movimiento ideológico más importante de este siglo (el XX)". Ibíd., pp. 53 y 54.

[240] Forsthoff. "Sulla situazione attuale...", cit., p. 111.

[241] De hecho, Forsthoff reconoce expresamente la existencia de un Derecho constitucional no escrito. Cfr. Forsthoff. "Begriff und Wesen...", cit., p. 8.

los demás derechos fundamentales, afirmando que "a este fin sería necesaria una correcta colocación de la Constitución en el complejo social, colocación que debería situarse en un nivel inferior al del sentido y literalidad de la Ley Fundamental"[242]. Y ello porque el que el ordenamiento social deba adaptarse a la realidad de la moderna sociedad industrial no condiciona el modo en que deba producirse dicho adaptación: nada obliga a que se realice a nivel constitucional[243]. En este sentido, FORSTHOFF señala el error en el que cae, en su opinión, la doctrina iuspublicista, para quien la importancia que dicho movimiento social tiene en el ordenamiento jurídico moderno es tal que se cree en la obligación moral de darle una colocación constitucional a la altura: se considera que una Constitución no es acorde con la realidad si no incorpora el elemento social[244]. A su modo de ver, en cambio, es un error otorgar protección constitucional a lo que no puede acceder a la Constitución por motivos estructurales.

Ahora bien, continúa diciendo, desde un punto de vista práctico, la ausencia de una garantía constitucional que dé estabilidad al Estado Social carece de importancia, puesto que la experiencia muestra claramente la fuerza irresistible e irreversible del progreso social, que ha sobrevivido incluso a diversas modificaciones constitucionales. Por lo tanto, FORSTHOFF no niega la importancia del Estado Social y su consideración como Constitución en sentido material, sino que rechaza que éste tenga cabida en la Constitución formal o codificada. Con ello dice no querer colocar la

---

[242] FORSTHOFF. "Sulla situazione attuale...", cit., pp. 118 y 119.
[243] FORSTHOFF. "Trasformazioni strutturali...", cit., p. 160.
[244] FORSTHOFF. "Problematiche dell'interpretazione...", cit., pp. 67 y 68.

Constitución del Estado de Derecho en un plano superior a la dimensión en la que coloca el Estado Social: simplemente los coloca en planos distintos. Incluso cabría pensar, en cierto sentido, en una mayor fuerza –otorgada por la propia realidad– del Estado Social, cuando afirma que "la Constitución del Estado Social lleva en su interior la garantía de su existencia y, consecuentemente, es inequívocamente superior a la Constitución codificada del Estado de Derecho, la cual no puede ofrecerle mayor garantía que la que aquella lleva en sí misma"[245]. Para FORSTHOFF, pues, la carencia de las ordenaciones sociales en cuanto a garantías constitucionales viene compensada por la fuerza que obtienen de los impulsos sociales, de la realidad y de las necesidades de la vida social[246].

Por lo tanto, el Estado de Derecho se determina también mediante el elemento social, pero sin que este reconocimiento deba interpretarse como decisión del constituyente, sino como el reforzamiento de un comportamiento estatal que existiría en cualquier caso. Acorde con ello, dicho reconocimiento no tiene significación institucional ni afecta a la forma estructural de la Ley Fundamental: Estado de Derecho y Estado Social no se fusionan en el plano constitucional sino sólo cuando entran en relación Constitución, legislación y Administración, siendo entonces cuando el Estado Social de Derecho encuentra justificación. Prueba de ello es que todas las constituciones modernas de Estado de Derecho posteriores a 1945 muestran una uniformidad que sólo halla explicación admitiendo la existencia de

---

[245] FORSTHOFF. "Sulla situazione attuale...", cit., p. 120.
[246] FORSTHOFF. "Begriff und Wesen…", cit., p. 33, así como también en ÍD. "Sulla situazione attuale...", cit., p. 118.

una sola Constitución de Estado de Derecho con una estructura definida, a pesar de que se la rodee de preámbulos de orientación social o artículos programáticos. Uniformidad que es expresión del tecnicismo propio de las constituciones típicamente liberales y que, a su vez, impide que el Estado Social entre a formar parte del orden constitucional del Estado de Derecho[247].

Por lo tanto, FORSTHOFF rechaza la posibilidad de que los elementos del Estado Social entren a formar parte del Derecho constitucional formal –el contenido y disciplinado en la Ley Fundamental de Bonn[248]–, pero no el concepto mismo de Estado Social. Por el contrario, FORSTHOFF parte del Estado Social como una realidad fáctica y jurídica que "se manifiesta en todo un conjunto de leyes y de funciones estatales ordenadas por éstas", esto es, a nivel legal (conjunto de leyes) y administrativo (funciones estatales ordenadas por éstas)[249].

En la misma línea, destaca también el progresivo traslado del peso político del sistema desde el Parlamento hacia el Gobierno, con especial consideración al papel de la Administración, sin duda mucho mayor que en el pasado[250]. La razón más importante que explica este hecho es, en su opinión, el que el ordenamiento social no encuentre acomodo posible a nivel constitucional. Al no poder ser asumidas a este nivel las tareas más importantes que a lo largo del siglo XX se han asignado al

---

[247] FORSTHOFF. "Begriff und Wesen...", cit., p. 29.
[248] FORSTHOFF. "Sulla situazione attuale...", cit., p. 111.
[249] FORSTHOFF. "Problemas constitucionales...", cit., pp. 45 y 46. Precisamente el hecho de partir de la existencia del Estado Social de Derecho como realidad es lo que en su opinión hace que éste no sea un problema constitucional. Cfr. ÍD. "Begriff und Wesen...", cit., p. 8.
[250] FORSTHOFF. "Trasformazioni strutturali...", cit., p. 159.

Estado –dada la impermeabilidad de la Constitución del Estado de Derecho a los contenidos sociales– el peso político se traslada a las instancias aptas para asumirlas, a saber, el ámbito de la legislación y, sobre todo, de la Administración, como sedes en las que se activan las medidas que sirven de base para la edificación del Estado Social[251]. Según FORSTHOFF, la imagen que ofrece la historia de la Administración a lo largo del último siglo es expresiva de todo ello, por cuanto es la Administración la que observa y se enfrenta con la realidad social de forma inmediata y directa, al no poder prescindir ni separarse de sus exigencias. El desarrollo del Estado Social se ha producido por obra del legislador ordinario y de la Administración, no de la Constitución que, por el contrario, ha ido paulatinamente quedando disociada y al margen: el Estado Social se ha introducido en la ciencia del Derecho público no a través de la Constitución sino de la Administración y del Derecho administrativo[252].

Es por ello por lo que el Estado moderno es un Estado esencialmente de legislación y administración[253]. Ahora bien, FORSTHOFF insiste repetidas veces en que la incompatibilidad entre Estado Social y Estado de Derecho es sólo una incompatibilidad a nivel constitucional; por lo demás, un Estado Social cada vez más articulado y una Constitución liberal propia del Estado de Derecho no se excluyen mutuamente, sino que se hallan en una relación de tensa complementariedad y reciprocidad, de modo tal que si se abusa del Estado de Derecho se pierde la misión

---

[251] Ibíd., p. 160.
[252] FORSTHOFF. "Begriff und Wesen…", cit., pp. 12 y 13.
[253] FORSTHOFF. "Stato di diritto…", cit., p. 97.

social pero si, por el contrario, se prima demasiado el elemento social se llega al Estado de Administración (que ya no es Estado de Derecho)[254].

b. En particular, la posición de Forsthoff en torno al modelo de Estado definido por la Ley Fundamental de Bonn

Forsthoff considera que, a pesar de sus buenas intenciones, la Constitución de Weimar concibió el Estado Social como una regla de carácter programático, al figurar sólo entre las promesas sociales de la segunda parte. Por el contrario, admite, en la Ley Fundamental la opción por el Estado Social parece estar contenida en los artículos 28 y, muy especialmente, el 20, norma constitucional esta última a la que se otorga fuerza jurídica vinculante directa e inmediata. Sin embargo, señala también el hecho indiscutible de que, pese a ello, el término "social" aparece mencionado en la Ley Fundamental sólo en dos ocasiones y únicamente como adjetivo, careciendo de un contenido social específico y desde una óptica que concibe las funciones sociales como normas competenciales. En su opinión, partiendo de la Ley Fundamental sólo es posible realizar afirmaciones genéricas acerca de la significación del adjetivo "social"; lo único que puede decirse sin discusión es el hecho de que dicho vocablo refiera, en todo caso, al proceso de repartición, distribución y redistribución de bienes y recursos[255].

---

[254] Forsthoff. "Sulla situazione attuale...", cit., p. 118.
[255] Forsthoff. "Begriff und Wesen...", cit., pp. 8 y 23 a 25.

FORSTHOFF critica cómo parte de la doctrina ha querido ver en dichos preceptos de la Ley Fundamental un apoyo para justificar el abandono de la tradicional concepción del Estado de Derecho liberal burgués y la configuración de un Estado de Derecho vinculado a determinados contenidos de carácter material[256]: esto es, el reconocimiento a nivel constitucional de la fusión entre Estado de Derecho y Estado Social. Para FORSTHOFF, en cambio, la Ley Fundamental debe ser considerada como una Constitución primaria y esencialmente de corte liberal, como lo demuestra el hecho –objetivo– de que no incluye derechos y garantías sociales[257]. La posición de FORSTHOFF al respecto es contundente, al afirmar que "la Constitución del Estado de Derecho es, por motivos estructurales, impermeable a los contenidos sociales, y las cláusulas relativas al Estado Social federal o al Estado Social de Derecho establecidas en los artículos 20 y 28 no pueden cambiar este hecho"[258]. La Ley Fundamental, con independencia y a pesar de dichas cláusulas, presenta una estructura lógica basada sobre el concepto de libertad, por lo que está privada –y debe seguir estándolo– de contenido de carácter social. Por ello, las medidas que sirven de base para la edificación del Estado Social deben activarse no en el ámbito de la

---

[256] Ibíd., p. 22.
[257] En su opinión, ello deriva de forma lógica de la opción del constituyente por un sistema de garantías institucionales muy desarrollado que, por lo tanto, hace innecesario la inclusión de garantías sociales en la Constitución, en tanto en cuanto tal inclusión (esto es, la activación de los contenidos materiales ínsitos en la Constitución) sólo tiene sentido cuando fallan o no existen garantías institucionales. Cfr. FORSTHOFF. "Problematiche dell'interpretazione…", cit., p. 52.
[258] FORSTHOFF. "Trasformazioni strutturali…", cit., p. 160.
[259] FORSTHOFF. "Begriff und Wesen…", cit., p. 24.

Constitución sino en el de la legislación y el de la Administración, buscándose el contenido específico del Estado social en ámbitos extraconstitucionales[259].

En este sentido, pues, FORSTHOFF considera que el intento por parte de amplios sectores doctrinales de dotar al Estado Social o a cualquiera de sus institutos con la específica garantía del artículo 79.3 de la Ley Fundamental (la denominada garantía de eternidad) está claramente destinado a fallar[260]. Es más, se pregunta incluso si la cláusula social contenida en el artículo 20, aparentemente incluida en la cláusula del 79.3, no fue introducida, en realidad, de forma casual; la interpretación contraria supondría entender que cuestiones como la contratación colectiva o la jornada laboral de 5 días a la semana puedan acabar gozando de la tutela del artículo 79.3 de la Ley Fundamental, lo que para FORSTHOFF carece de sentido[261].

---

[260] Precisamente como reacción a la experiencia weimariana la Ley Fundamental de Bonn blindó algunos de sus preceptos más esenciales frente a la posibilidad de modificaciones sustanciales; en particular, el artículo 79.3 –al que gráficamente se conoce como "garantía de eternidad" (*Ewigkeitsgarantie*)– prohíbe una modificación en todo lo que se refiere a la estructura federal del Estado y a los principios establecidos en los artículos 1.º y 20. En este sentido, señala FORSTHOFF que si en Weimar hubiera existido un precepto como el 79.3 o la teoría (schmittiana) sobre los límites inmanentes a la revisión constitucional, el advenimiento del nacionalsocialismo sin duda no se habría producido en los mismos términos. La clave es tomar una serie de nociones e institutos esenciales y hacerlos no fungibles, esto es, sustraerlos a cualquier posibilidad de sustitución, vinculándolos de forma absoluta a la sustancia fundamental e inalienable de la Constitución. Y ello es posible sólo a través de una Constitución de Estado de Derecho. Cfr. FORSTHOFF. "Problematiche dell'interpretazione...", cit., pp. 65 y 66, y también ÍD. "Sulla situazione attuale...", cit., p. 120.

[261] Cfr. FORSTHOFF. "Problematiche dell'interpretazione...", cit., p. 68 y nota a pie 31.

Para Forsthoff la moderna realidad constitucional alemana no se resuelve ya en el concepto tradicional de Constitución, sino que se escinde en dos partes: la Ley Constitucional y las normas e institutos que comúnmente se definen como Estado Social, sin que, pese a todo, pueda establecerse una distinción por completo nítida y clara. En cualquier caso, lo que sí puede afirmarse claramente es el hecho de que ambas partes se diferencian desde una perspectiva estructural: la Constitución del Estado de Derecho se basa sobre el concepto de libertad, mientras que la del Estado Social lo hace sobre el de prestación y seguridad. Ciertamente, Forsthoff coincide con la doctrina mayoritaria en la consideración del Estado Social como un fin u objetivo estatal (*Staatszielbestimmung*) y considera, además, que la desaparición del dualismo Estado-sociedad, y su reflejo en el ámbito de la Administración (con la contraposición entre Administración interventora y Administración prestadora) impone al legislativo y, sobre todo, a la Administración tareas configuradoras de "lo social" (*sozialgestaltende Aufgaben*), cuyo efectivo cumplimiento exige algo más que el mantenimiento en los términos de la Constitución y las leyes. Exige, de hecho, que se regulen y ejerzan en atención a unos determinados contenidos, pero sin que ello signifique necesariamente el reconocimiento constitucional del Estado Social; así por ejemplo, al ser el mismo artículo 14 –regulador de la institución de la propiedad– el que prevé la función social de dicha institución se hace inútil tener que recurrir, para su garantía, a la abstracta fórmula del Estado social[262]. Lo que confirma, en opinión de Forsthoff y una vez más,

---

[262] Forsthoff. "Begriff und Wesen...", cit., pp. 27 y 28, afirmando que no es preciso recurrir al artículo 20 cuando el derecho fundamental comporta

la distinta dimensión en que se hallan Estado Social y Estado de Derecho.

En definitiva, el punto de partida del análisis forsthoffiano es el conjunto de conceptos, formas e institutos del Estado de Derecho, para intentar dilucidar "si y hasta dónde las exigencias y contenidos sociales son congruentes con el Estado de Derecho y hasta qué punto pueden abrirse a él"[263]. Es evidente que este punto de partida presupone primaria y evidentemente una opción en favor del Estado de Derecho, opción que, en opinión de FORSTHOFF, se observa claramente en la misma Ley Fundamental: los constituyentes ya optaron en su momento, por lo que la tarea de la doctrina debe concentrarse en estudiar hasta dónde es posible compatibilizar el Estado Social con el Estado de Derecho.

VI. Conclusiones

El presente trabajo nació como un estudio de la vertiente administrativa de la obra forsthoffiana y, en concreto, como una relectura de su teoría de la procura existencial, en un intento por analizar cuestiones tan relevantes como la evolución de dicho concepto a lo largo de la obra de FORSTHOFF, o qué encaje encontró aquella construcción originaria en la Ley Fundamental de Bonn. Sin embargo, pronto nos dimos cuenta de que la investigación emprendida no podía ni debía limitarse al estu-

---

ya una reserva de naturaleza social. Ello a diferencia de la Constitución de Weimar, en la que no se configuraba como una norma directamente vinculante para el propietario, sino como una directriz o norma de orientación para el legislador.

[263] FORSTHOFF. "Begriff und Wesen...", cit., p. 14.

dio de la procura existencial, y ello porque la obra de FORSTHOFF es mucho más amplia y rica de lo que en un primer momento pueda parecer. Y esta amplitud y riqueza a la que aludimos es doble. Por un lado, porque su obra no se limita a la teorización de la procura existencial y de las nuevas funciones de la Administración prestadora, sino que abarca importantes cuestiones en materia de Derecho constitucional (derechos fundamentales, interpretación constitucional, Teoría de la Constitución) y de Teoría del Estado (evolución del Estado como forma de organización, crisis del parlamentarismo): FORSTHOFF fue, sin duda, un verdadero iuspublicista. Por otro lado, porque en su obra FORSTHOFF desborda el ámbito estrictamente jurídico y se adentra, con gran conocimiento de causa, en procesos históricos y sociológicos, en tendencias políticas o filosóficas, entrelazando con habilidad fenómenos complejos y demostrando, con ello, una amplitud de conocimientos y una agudeza intelectual ciertamente poco corrientes.

FORSTHOFF fue un autor que vivió y escribió en un período clave para la historia europea moderna; primero como estudiante y, después ya como académico, será testigo directo de los últimos años de la República de Weimar, la ascensión y el declive del nacionalsocialismo, la posguerra alemana, la instauración del régimen democrático de Bonn y los años de construcción y consolidación del Estado de Bienestar en su versión alemana (el modelo corporativo en la tipología de ESPING-ANDERSEN). Dentro de la innegable importancia histórico-política que merecen estas décadas cruciales para la historia europea, se ha otorgado, en este trabajo, especial atención a los años de la República de Weimar, y sobre todo a su crisis, colapso y fracaso. Ello se justifica por un doble motivo:

1. Desde una perspectiva general, se trata de un momento clave en la moderna historia europea y alemana, por lo que su conocimiento es imprescindible para explicar la evolución posterior. Sin pretender afirmar que Weimar condujo necesariamente al advenimiento de HITLER al poder[264], lo cierto es que la Ley Fundamental de Bonn y el régimen democrático instaurado a partir de 1945 intentaron por todos los medios evitar que, en el futuro, pudieran repetirse momentos como los vividos durante el régimen nazi, y para ello se tuvieron muy presentes los errores que se habían producido en Weimar. Por otra parte, la complejidad y la relevancia de la experiencia weimariana radican, sobre todo, en el hecho de constituir el primer intento de instauración de una democracia de masas caracterizada por la presencia de partidos políticos y por unas complejas relaciones entre sociedad civil e instituciones políticas. La trascendencia

---

[264] KLEIN, por ejemplo, ha puesto de relieve que nada indicaba, a lo largo de los años de la República, que la evolución acabaría llevando necesariamente a un régimen como el nacionasocialista, o que sería dicho régimen quien, directa y únicamente, acabaría con el sistema republicano; más bien fue la conjunción de varios factores –muchos de ellos externos al propio régimen constitucional– lo que fue minando y, finalmente, dinamitó un régimen que ya desde sus orígenes nació extremadamente débil. Cfr. KLEIN. "Der totale Staat...", cit., p. 22. En un sentido similar se manifestaba el propio FORSTHOFF, quien señalaba que fue la "situación poco clara de la lucha por el poder, política y económica, de los partidos, de los grupos de intereses económicos", lo que hizo perecer "verdaderamente la Constitución de Weimar. Sostengo que es un error creer que HITLER destruyera la Constitución de Weimar; existieron muchos factores de destrucción. HITLER aceptó la herencia de una Constitución destruida; lo mismo podrían haber sido los comunistas, que en 1932-1933 estaban magníficamente organizados para una guerra civil". Cfr. FORSTHOFF. "Sentido actual de las relaciones...", cit., p. 16.

de Weimar fue tal, las soluciones y los errores en ella ensayados han influido de tal modo en la historia posterior que, aún hoy, la literatura especializada habla con frecuencia de Weimar como "encrucijada de interpretaciones y direcciones" o de "Laboratorio Weimar"[265].

2. Desde una perspectiva concreta focalizada en la figura de nuestro autor, conviene llamar la atención, de nuevo, sobre la importancia que la experiencia weimariana tuvo para la vida y obra de Forsthoff. Ni el surgimiento de la procura existencial (y de la Administración prestadora) puede explicarse sin recurrir a la situación económica y sociológica del momento, ni el intento forsthoffiano por preservar los institutos esenciales de la Constitución del Estado de Derecho tiene pleno sentido sin atender al sistema jurídico y político que se fue desarrollando durante los años de la República[266].

El trabajo se centra en el estudio de dos de las vertientes de la obra forstoffiana. En una primera parte se ha expuesto su conocida teoría sobre el surgimiento de nuevas funciones estatales, encarnada en los conceptos de procura existencial y de Administración prestadora. Seguidamente, bajo el epígrafe "Constitución, Estado de Derecho y Estado Social", se han analizado los principales temas que en dicha materia fueron objeto de estudio por parte de nuestro autor: su concepto de los derechos fundamentales, el método de interpretación cons-

---

[265] Lanchester. "Il costituzionalismo tedesco...", cit., p. 269.
[266] En un sentido similar cfr. Ronellenfitsch. "Daseinsvorsorge als Rechtsbegriff...", cit., p. 113, quien afirma que la teoría forsthoffiana de relegar la procura existencial al ámbito del Derecho ordinario sólo puede entenderse atendiendo a las condiciones y circunstancias en las que fue elaborada.

titucional y su concepto de Constitución, para llegar, al final, a su teoría sobre la incompatibilidad constitucional entre Estado de Derecho y Estado Social. Como se advertía en páginas precedentes, quedan pendientes de una futura investigación tanto los escritos iniciales de FORSTHOFF como el tercer núcleo temático individualizable en su producción científica (su concepción del Estado como forma de organización), y al que sólo hacemos referencias concretas en momentos puntuales de nuestra exposición.

Pienso, refiriéndome al conjunto de la producción forsthoffiana, que tal vez el aspecto más valioso de la misma sea la especial sensibilidad que demuestra el autor para captar procesos y evoluciones, previendo y poniendo de relieve problemas o tendencias que, a veces sólo después, adquirirán plena vigencia y actualidad[267]. FORSTHOFF centró sus investigaciones en unos (pocos) temas esenciales y, tal vez por ello, algunas de sus reflexiones han traspasado, en buena medida, el umbral temporal de su momento para seguir, a día de hoy, plenamente vigentes, hasta el punto que se le ha definido como un jurista "con ojos Röntgen"[268]. Por ello, considero plenamente acertada la ópti-

---

[267] En idéntico sentido también HÄBERLE, uno de sus máximos críticos. Cfr. HÄBERLE. "Lebende Verwaltung trotz...", cit., p. 5.

[268] La cita es de DÜRIG y se halla en RONELLENFITSCH. "Daseinsvorsorge als Rechtsbegriff...", cit., p. 119. En el mismo sentido cfr. SORDI. "Il primo e l'ultimo...", cit., p. 667, si bien destaca, también, el hecho de que en otros muchos aspectos FORSTHOFF fue defensor de tesis hoy en día ya superadas y, en concreto, la consideración de la Constitución como sistema de valores. Por otra parte, HÄBERLE pone de relieve "cuán actuales son aún las reflexiones y las cuestiones planteadas por FORSTHOFF, incluso para quienes no compartían su conservadurismo ni su pesimismo". Cfr. P. HÄBERLE. "Zum Staatsdenken Ernst Forsthoffs", en ID. *Beiträge zur Staatsrechtslehre*

ca con la que en el año 2001 se conmemoraron, en la Universidad de Heidelberg, los cien años de su nacimiento. Las aportaciones realizadas en dicho encuentro, posteriormente publicadas bajo la coordinación de BLÜMEL, intentaron –más allá de la satisfacción historiográfica– realizar una relectura de la obra forsthoffiana analizando no sólo sus construcciones originarias sino también qué aspectos de su aportación siguen aún vigentes y en qué medida pueden proporcionar elementos válidos y útiles para la construcción del Derecho administrativo actual: "un coloquio con ocasión de los cien años del nacimiento de FORSTHOFF debe, ciertamente, contribuir a mantener su recuerdo vivo pero no estar exclusivamente orientado al pasado", ya que "con la creación del concepto jurídico de la procura existencial FORSTHOFF ha iniciado un camino, de cuyo significado se ha sido plenamente consciente, en Alemania y en Europa, sólo actualmente", por lo que "el interés radica no sólo en el *iter* que FORSTHOFF recorrió, sino más en bien hacia dónde ha conducido su viaje y a dónde debe conducir en el futuro"[269].

En efecto, y partiendo de cuánto se ha expuesto hasta ahora, es posible identificar, aunque sea someramente, algunas líneas generales en la reflexión forsthoffiana que presentan, a día de hoy, una vigencia clara e indiscutible.

1. En primer lugar, y aunque en este trabajo se haya excluido el estudio sistemático de la concepción forsthoffiana de Estado, lo cierto es que a través de las referencias que al respecto se han hecho es posible constatar su preocupación y escepticismo por la realidad estatal. Retomando su aspiración a un Estado con-

---

und Verfassungskultur, Berlin, Duncker & Humblot, 2002, p. 179, y, con carácter general, el artículo en su conjunto.

[269] RONELLENFITSCH. "Daseinsvorsorge als Rechtsbegriff...", cit., p. 53.

cebido como organización supraordenada a los grupos sociales –a los que domina y cuyo ámbito de actuación delimita– algún autor ha apuntado el hecho de que dicha preocupación por evitar la disolución del Estado supone una primera advertencia ante uno de los más acuciantes problemas de los Estados actuales, a saber, la creciente disgregación del interés general, diversificado hacia dentro y hacia fuera[270]. Sin duda, un estudio en profundidad contribuiría a clarificar las ideas en torno a este punto, pero parece poder afirmarse que la preocupación forsthoffiana por el papel y la actuación de los grupos de interés y su interacción con el Estado entronca con cuestiones propias de las sociedades capitalistas avanzadas, como así lo demuestran, también, sus reflexiones en torno al corporativismo y a la desideologización política y económica.

2. Por lo que se refiere a sus estudios en materia constitucional, FORSTHOFF advirtió, como ya vimos, del peligro que en su opinión supone la abdicación o retirada del método jurídico clásico en favor del método espiritual, que desemboca en una pérdida de racionalidad y previsibilidad del texto constitucional y en su disolución en mera casuística. Su crítica a la conversión de los derechos fundamentales en un sistema de valores y a los intentos doctrinales de introducir los derechos sociales en la Ley Fundamental mediante una deformación de la interpretación

---

[270] Cfr. KLEIN. "Der totale Staat...", cit., pp. 37 a 39. Según KLEIN, el escepticismo y la preocupación forsthoffianos entroncan directamente con la problemática que hoy en día suscitan las opacas redes de cooperación propias de los denominados sistemas multinivel, en las que se ejerce (o mejor dicho "se pierde") la política del presente. Una problemática que, como es conocido, es ampliamente discutida en los foros actuales y que a FORSTHOFF hubiera resultado tremendamente familiar.

constitucional pueden perfectamente encuadrarse, como ha señalado HERDEGEN, en el actual debate en torno a una hipotética mutación del Estado Constitucional en un "Estado de justicia"; debate que se ha avivado en los últimos tiempos hasta el punto que, en ocasiones, parece existir la convicción entre la propia clase política –apoyada en la práctica y en la misma jurisprudencia de los Altos Tribunales– de que el control constitucional es una fase más en el proceso legislativo[271].

La actual discusión sobre una posible hipertrofia de los derechos fundamentales debe también traerse a colación en esta sede. Así, el debate en torno a la eficacia *inter privatos* de los derechos fundamentales (*Drittwirkung*), iniciado en los años cincuenta, no puede considerarse a día de hoy ni mucho menos cerrado; por el contrario, el desarrollo de las sociedades industriales y tecnológicas modernas hace que, cada vez más, se plantee la posibilidad de que los derechos fundamentales puedan ser vulnerados no sólo por el Estado sino también por particulares. Críticas como las planteadas por FORSTHOFF en relación con la imprecisión del término eficacia *inter privatos* (que requiere siempre un análisis casuístico, atendiendo al derecho fundamental de que se trate) o con el peligro que supone la conversión de las libertades individuales en imposiciones siguen alegándose en el marco de un debate que, lejos de estar satisfactoriamente resuelto, se ha trasladado incluso a la jurisprudencia supranacional de Estrasburgo.

3. Es también evidente la vigencia de las prestaciones de procura existencial, así como del papel que desempeña la Administración prestadora. El hecho de que se discuta sobre la crisis de

---

[271] HERDEGEN. "Ernst Forsthoffs Sicht...", cit., pp. 49 y 50.

los Estados de Bienestar, hasta dónde deben llegar las prestaciones estatales, el modo más eficiente para prestarlas o el sujeto más indicado para ello no implica, ni mucho menos, que el concepto de procura existencial haya dejado de tener vigencia. Precisamente la enconada discusión en torno a la reforma de los Estados de Bienestar contemporáneos, la búsqueda de "terceras vías" o los intentos alemanes por salvaguardar la esencia de su modelo en crisis con una dura reforma (a la baja) de las prestaciones demuestran la imposibilidad de prescindir de la procura existencial[272].

4. Conviene también llamar la atención sobre una cuestión que, si bien no ha sido estudiada en profundidad en esta sede, muestra una vez más la vigencia del pensamiento forsthoffiano: su preocupación por el desarrollo tecnológico y el impacto de éste sobre la Administración y el Derecho público. Destaca en este sentido la actualidad de sus reflexiones en torno a los efectos del progreso tecnológico sobre la Administración y su preocupación sobre si y cómo el Estado será, en el futuro, capaz de ejercer su responsabilidad en la regulación de los procesos técnicos y en el reparto de los conflictos de intereses derivados de lo que él llamaba realización técnica. La pregunta que se planteaba, en los años sesenta, sobre si el Estado de Derecho no acabará siendo arrollado por las necesidades técnicas, adquiere plena

---

[272] Prestaciones de procura existencial que, además, han ganado una nueva dimensión en los últimos tiempos a raíz del proceso de integración europea, de forma que se afirma que la concepción alemana de la procura existencial apadrina la actual evolución del Derecho comunitario en la materia. Cfr. al respecto el detallado análisis de RONELLENFITSCH y la bibliografía allí citada. RONELLENFITSCH. "Daseinsvorsorge als Rechtsbegriff...", cit., pp. 86 a 113.

vigencia ante el actual estado de evolución científico-tecnológico en el que destacan, como principales tareas del Estado, la gestión de los riesgos tecnológicos y la regulación jurídica de las incertidumbres de la técnica[273].

Centrándome ahora en la parte de la obra de FORSTHOFF que se estudia específicamente en este trabajo, creo conveniente insistir, ante todo, en el hecho de que no estamos ante un autor de fácil lectura ni rápido entendimiento: la importancia de los temas que trató, unida a la complejidad del momento en el que le tocó vivir, no contribuyen, por lo demás, a facilitar una adecuada difusión de sus construcciones, tal y como acertadamente ha señalado MANGIA[274]. En este sentido, sobre la producción forsthoffiana planean tres aparentes contradicciones.

1. Una primera contradicción hace referencia a su construcción de la procura existencial y a la evolución de la misma a lo largo del tiempo. Se le ha reprochado que, a partir de 1951, hubiera reorientado su pensamiento, abandonando la inicial aspiración de la posguerra de modificar la estructura política además de la económico-social, optando, por el contrario, por la restauración de las viejas relaciones sociales y de propiedad[275]. Sin embargo, creemos que es posible afirmar que el concepto de procura existencial evolucionó en la obra de FORSTHOFF de forma esencialmente coherente, puesto que él siempre postuló una intervención estatal como función complementaria de la sociedad amparada en el principio de subsidiariedad. Las diferencias que pueden apreciarse entre lo afirmado en 1938 y

---

[273] Cfr., entre otras, sus reflexiones en FORSTHOFF. "Anrecht und Aufgabe...", cit., pp. 56 a 63, e ÍD. "Problemas de la Administración prestadora...", cit., p. 50, así como también las apreciaciones de HERDEGEN. "Ernst Forsthoffs Sicht...", cit., p. 51.

lo sostenido en los años cincuenta no se deben a un cambio en su concepción o a la emergencia de contradicciones estructurales en su pensamiento, sino al hecho de que, en dicha construcción, las transformaciones de la situación política, social y económica propiciaban una modulación del ámbito o extensión de esa función complementaria que es la procura existencial. Por lo tanto, la construcción forsthoffiana de la procura existencial, si bien de difícil concretización, es coherente en sí misma.

Es preciso recordar que FORSTHOFF no prejuzgó las formas jurídicas a través de las que el Estado ejercería las funciones de procura existencial, admitiendo la posibilidad de un traspaso de tales funciones públicas a privados sobre la base de un marco estatal que regularía los límites y las relaciones de prestación, manteniendo una responsabilidad estatal subsidiaria de inspección y control. Para FORSTHOFF, las transformaciones económicas y sociológicas operadas a partir del siglo XIX dieron lugar a una serie de funciones estatales basadas en la idea de participación del individuo en el Estado, por lo que la presencia de un elemento jurídico-público en la configuración de dichas funciones se entiende irrenunciable (en el sentido de un aseguramiento adecuado de su protección jurídica). Ahora bien, la forma, el sujeto y la amplitud con que dichas prestaciones se satisfagan queda abierto a las circunstancias políticas, económicas, sociales y culturales de cada momento, así como al entendimiento que al respecto tenga cada legislador.

Y en ello radica, precisamente, el mérito de la construcción forstohffiana pero también su complejidad. El hecho de que la procura existencial esté sometida al Derecho público con independencia de la forma que adopten las prestaciones en concreto es lo que ha permitido, según RONELLENFITSCH, que la construcción de FORSTHOFF traspase las fronteras de la coyuntura temporal para la que fue teorizada. Sin embargo, el que el contenido de las prestaciones de procura se defina y delimite según criterios materiales independientemente de la forma de prestación (jurídico-pública o jurídico-privada) conlleva necesariamente una imprecisión del concepto[276]. Es, por tanto, imposible hallar un criterio que nos permita delimitar de forma general su contenido, ya que tal delimitación dependerá de lo que en cada momento se considere necesario para la existencia y las necesidades del individuo; existencia y necesidades que son, por definición, dependientes del entorno económico-social y de las circunstancias políticas y espirituales de cada momento histórico.

2. Un segundo reproche que comúnmente se le ha hecho es el relativo a la incompatibilidad constitucional entre Estado Social y Estado de Derecho. Se ha querido ver en dicha teoría una contradicción indisoluble que afectaría a la producción forsthoffiana en su conjunto. Así, HÄBERLE ha calificado el constante juego forsthoffiano a dos dimensiones (constitucional y administrativa) como un elemento complejo, opaco o distorsionador, como una contradicción con resultados necesariamente negativos[277].

Sin embargo, es posible analizar la mencionada dualidad desde otro punto de vista, intentado ver en dicha antinomia un es-

---

[274] MANGIA. "Introduzione...", cit., p. 3.
[275] Vid. W. ABENDROTH. "El Estado de Derecho democrático y social como proyecto político", en E. FORSTHOFF, W. ABENDROTH y K. DOEHRING. *El Estado Social*..., cit., pp. 27 a 29.
[276] RONELLENFITSCH. "Daseinsvorsorge als Rechtsbegriff...", cit., p. 113.
[277] HÄBERLE se refería a la constante dualidad que recorre la obra forsthoffiana: "conservador, escéptico, resignado" en materia constitucional, "realista, abierto al cambio y a la evolución, sensible y receptivo, creativo y abierto a la innovación" por lo que a dogmática administrativista se refiere. Vid. HÄBERLE. "Lebende Verwaltung trotz...", cit., pp. 5 y 12.

fuerzo por elaborar una reflexión sistemática que coloque en un cuadro unitario Estado de Derecho y Estado Social[278], un esfuerzo que –al margen de las críticas que a su concepción puedan hacerse desde un entendimiento del Estado de Bienestar y de los derechos sociales como derechos de ciudadanía– debe ser cuando menos doblemente valorado: por un lado, porque se ubica en un momento histórico de amplia reelaboración y revisión de los postulados hasta entonces vigentes y, por otro, porque se enmarca claramente en un Derecho público moderno caracterizado por su complejidad, y en el que el necesario análisis de los principios de Derecho administrativo y constitucional desde una perspectiva unitaria y global es cada vez más complicado[279].

Sobre la base de su teoría relativa a la incompatibilidad constitucional entre Estado de Derecho y Estado Social se le ha definido, también, como un defensor del *status quo*, como un (neo)liberal burgués-conservador que aspiraba, en cierto modo, a un retorno al Estado liberal del siglo XIX. Al respecto debe decirse, en primer lugar, que el hecho de que FORSTHOFF considerara imposible la fusión constitucional entre Estado de Derecho y Estado Social y que, consecuentemente con ello, no otorgara a este último relevancia constitucional no significa necesariamente que no le otorgara relevancia jurídica ninguna; por el contrario, consideraba que el Estado Social debía constituir una orientación (*Zielbestimmung*) que vinculara al legislador, al juez y a la Administración[280]. De hecho, FORSTHOFF nunca pondrá en duda

---

[278] MANGIA. "Postfazione", en ÍD. *L'ultimo Forsthoff...*, cit., pp. 190 y 191.
[279] MANGIA. "Introduzione", cit., pp. 7 a 9.
[280] Y en ello la doctrina es unánime al valorar su obra. Así por ejemplo,

que el ordenamiento social sea parte indiscutible de la Constitución *en sentido material*, pero sí rechazará la posibilidad de que los elementos del Estado Social entren a formar parte de la Constitución *en sentido formal* (esto es, el Derecho constitucional codificado en la Ley Fundamental de Bonn). Con ello, pues, no pretende colocar al Estado de Derecho en un plano superior al Estado Social, sino hacerlo en planos distintos, atribuyéndoles dimensiones diversas, de modo que el Estado Social halla pleno sentido cuando entran en relación Constitución, legislación y Administración, pero manteniéndose esta última "a salvo" de contenidos sociales (por imprecisos y contigentes), para poder preservar los institutos esenciales que permitan la limitación del poder político y el aseguramiento, con ello, de las libertades individuales.

Así, la función de las constituciones modernas debe consistir en la configuración y debido aseguramiento de dichos institutos esenciales (impidiendo, con ello, la repetición de los fatales errores cometidos en Weimar y durante el nacionalsocialismo),

---

RONELLENFITSCH afirma que FORSTHOFF no era, en absoluto, "socialmente indiferente" y, por su parte, HERDEGEN refiere a "la visión extremadamente social de FORSTHOFF y a su promoción de la justicia social en el sentido de un adecuado y justo reparto de bienes". Cfr. respectivamente RONELLENFITSCH. "Daseinsvorsorge als Rechtsbegriff...", cit., p. 66, y HERDEGEN. "Ernst Forsthoffs Sicht...", cit., p. 49. También MANGIA llama la atención sobre el hecho de que FORSTHOFF no niega en absoluto la oportunidad de la dimensión social de la actividad pública ni que el Estado no deba intervenir ni asumir la tarea de redistribución según criterios de igualdad y reparto equitativo. Cfr. MANGIA. "Postfazione", cit., p. 180. En la doctrina de su época, cfr., por ejemplo P. BADURA. "Daseinsvorsorge als Verwaltungszweck der Leistungsverwaltung", *Die Öffentliche Verwaltung*, n.º 17-18, 1966.

mientras que las –irrenunciables– funciones estatales de procura existencial deben llevarse a cabo a partir y a través de, por un lado, la actuación del legislador en la planificación de políticas públicas y, por otro, de la Administración en la implementación y concretización de las mismas. Y FORSTHOFF elabora esta teoría no sólo como una abstracta construcción dogmática sino como una consecuencia que él deriva de su observación de la realidad. En su opinión, de la observación de la evolución social del último siglo se desprende que han sido el legislador ordinario y la Administración –y no la Constitución– quienes se han enfrentado y se enfrentan directamente con la realidad social.

Pienso que, más allá de evidenciar una posible disociación entre un administrativista innovador y socialmente sensible y un constitucionalista conservador y burgués, es relevante resaltar –y en ello coincido con MANGIA– la coherencia en FORSTHOFF de su concepción de Estado de Derecho, su idea de Constitución y su concepto de derechos fundamentales[281], así como de éstos y su entendimiento de la realidad social, el papel que al respecto debe desempeñar el Estado y los modos en que debe hacerlo. De hecho, es precisamente la formulación de la imposibilidad de fusión (constitucional) entre Estado de derecho y Estado social lo que le permite enlazar los dos núcleos temáticos más importantes de su obra, esto es, las funciones de la Administración prestadora y el concepto de Constitución forsthoffiano. Al considerar que las tareas de procura existencial –en tanto que tareas propias y definitorias del Estado Social– nada tienen que ver con la Constitución, sino que son funcio-

---

[281] MANGIA. "Postfazione", cit., p. 191.

nes a desempeñar a nivel de legislación ordinaria y de Administración, FORSTHOFF evidencia que nunca concibió tales prestaciones como derechos de ciudadanía, como derechos fundamentales directamente exigibles de la Ley Fundamental de Bonn, lo que, por otro lado, es acorde con su concepción de las constituciones modernas como constituciones de corte liberal y desprovistas de contenido social[282].

---

[282] Se recuerda, en esta sede, que el principio del Estado Social se ha configurado, en la doctrina alemana, como una regla de interpretación jurídica que exige una aplicación de las normas tendente a garantizar al ciudadano cierto nivel de seguridad y justicia social, y como un mandato al legislador de procurar un mínimo vital, pero dotado de tal imprecisión que difícilmente permite derivar la concesión de prestaciones sociales concretas. Para que éstas sean exigibles es preciso que el legislador ordinario haya desarrollado y concretizado el mandato constitucional mediante la aprobación de una ley. Ciertamente, la Ley Fundamental fue cautelosa en relación con la formulación de los derechos fundamentales a prestaciones, configurando explícitamente sólo un catálogo de derechos de defensa frente al Estado. Esta opción del constituyente ha sido fuente de innumerables controversias en la doctrina, que todavía no se han cerrado, debatiéndose la posibilidad de adscribir interpretativamente a las disposiciones de derechos fundamentales normas que confieren derechos sociales fundamentales. El Tribunal Constitucional ha negado tal posibilidad pero, según parte de la doctrina, ha proporcionado también puntos de apoyo para lo contrario. En primer lugar, al considerar los derechos fundamentales como integrantes de un orden objetivo de valores, el Tribunal ha permitido la consideración de éstos como medida de interpretación y configuración de todo el ordenamiento jurídico. Por otra parte ALEXY ha apoyado la existencia de derechos fundamentales sociales en un conocido fallo del Tribunal (*Numerus clausus*) de cuyo análisis deduce la presencia de derechos *prima facie* y de derechos definitivos que dependen de las posibilidades jurídicas y fácticas concretas. Que el Tribunal no se haya atrevido a determinar cuáles habrían de ser esas posibilidades no es óbice para reconocer que sí ha abierto, en cambio, "la puerta a la adscripción de derechos a prestaciones". ALEXY opta por una teoría eminentemente formal: todo

Es, pues, del conjunto de su producción de la que cabe predicar un profundo conservadurismo no exento de connotaciones autoritarias, coincidiendo aquí con Häberle, quien lo define como uno de los "grandes iuspublicistas conservadores"[283]. Conservadurismo que se manifiesta en el tipo de Estado de Bienestar que subyace a su pensamiento (y que no es del todo ajeno al que, en buena medida, se instaurará en Alemania), y al que ya se hizo referencia. Se recuerda, en este sentido, la conocida tipología de modelos de Estado de Bienestar acuñada por Esping-Andersen y que tanto éxito ha tenido en la literatura especializada[284]. En virtud de ésta, el modelo alemán responde a los Estados de Bienestar denominados corporativistas, modelos que nacen, por una parte, fuertemente vinculados a Estados-nación de reciente creación (buscando generar una solidaridad nacional) y, por otra, también muy vinculados al mercado de trabajo[285]. A los efec-

---

individuo tiene derechos (fundamentales sociales) a aquellas prestaciones que constitucionalmente sean tan importantes que su otorgamiento o denegación no puedan quedar en manos del legislador ordinario. La determinación concreta de estos derechos corresponde a la dogmática específica de cada uno de ellos, sobre la base de un proceso de ponderación de principios materiales y formales que explicaría el paso de derechos *prima facie* a derechos definitivos, por medio de la cláusula restrictiva de la "reserva de lo posible". Solamente después de dicha ponderación es posible saber el contenido concreto del derecho en cuestión, es decir cuándo el individuo tiene el derecho definitivo a la prestación, pero el derecho "en sí" es, indiscutiblemente, un derecho vinculante *prima facie*. Cfr. R. Alexy. *Teoría de los derechos fundamentales*, Madrid, Centro de Estudios Políticos y Constitucionales, 2001, pp. 420 a 502.

[283] Häberle. "Zum Staatsdenken...", cit., p. 170.
[284] Cfr. con carácter general G. Esping-Andersen. *Los tres mundos del Estado de Bienestar*, Valencia, Alfons el Magnànim, 1993.
[285] Piénsese en las prestaciones sociales que se desarrollaron en la época biskmarckiana, esencialmente en el marco del mercado laboral.

tos que aquí interesan, este modelo se caracteriza por un fuerte corporativismo, por la existencia de diferentes tipos de prestaciones según las actividades económicas (lo que consolida divisiones entre grupos de asalariados), por una fuerte intervención del Estado desde un primer momento (no existe el encumbramiento de la eficiencia del mercado propia del modelo anglosajón), pero también por una cierta subsidiariedad del Estado respecto de la Iglesia y la familia, así como por una concepción de las prestaciones sociales a medio camino entre una respuesta a situaciones de necesidad[286] y derechos de ciudadanía[287].

A la vista de todo ello, parece evidente que el conservadurismo de FORSTHOFF no se limita a su concepto de Constitución, desprovisto de contenidos sociales; en mi opinión, no es sólo la negativa forsthoffiana de introducir derechos sociales en la Ley Fundamental lo que debe catalogarse como conservador sino el conjunto de su pensamiento.

---

[286] No nos referimos, ni mucho menos, al modelo liberal anglosajón, regido por un criterio de especialidad frente a la universalidad, y en el que hay una fuerte presencia del mercado en la provisión de prestaciones esenciales. En este sentido, y continuando con la tipología de ESPING-ANDERSEN, el modelo corporativista se sitúa en una zona intermedia (esto es, a medio camino entre el modelo escandinavo y el típicamente liberal de Estados Unidos) y muestra una fuerte tendencia a reproducir las estructuras sociales y el *status quo*. Es en el marco de esta perspectiva en el que cobra sentido hablar de un autor conservador que aspira al mantenimiento del *status quo*, por cuanto es el mismo modelo de bienestar corporativo el que, atendiendo a las características enunciadas, tiende a reproducir la estructura social, al tiempo que presenta un grado medio de dependencia del mercado y una fuerte presencia del principio de subsidiariedad.

[287] Concepción esta última propia de los modelos universalistas de los países escandinavos.

3. La tercera y última contradicción hace referencia al método de interpretación que postuló a partir de los años cincuenta, un método que puede considerarse como una elaborada forma de neopositivismo. En efecto, y a pesar de cuanto se esforzó en matizarlo y en justificarse, no hay duda de que lo que en realidad proponía era la vuelta a la doctrina clásica de interpretación constitucional y, por tanto, una nueva forma de positivismo al fin y al cabo[288]. Un método de interpretación (el positivista) contra el que, sin embargo, había dirigido duros reproches en sus escritos anteriores a 1945. En efecto, no pueden pasarse por alto las críticas de Forsthoff al Derecho público liberal burgués del XIX y a sus estructuras formuladas desde la óptica y el método positivista y formalista del contexto, a las que reprochaba su incapacidad para percibir y reaccionar ante las transformaciones sociológicas que desde mediados de siglo se estaban produciendo[289].

Por ello no puede menos que sorprender el hecho de que en sus escritos de los años cincuenta y sesenta critique duramente el método científico-espiritual y la interpretación constitucional a que ha conducido, permitiendo la entrada en el texto constitucional de contenidos éticos e ideológicos. El propio Forsthoff es consciente de que su intento por revalorizar el método positivista de interpretación constitucional no encaja con algunas de las tesis por él sostenidas. Por ello, intentará justificarse amparándose en un cambio de la situación político-jurídica. Así, mientras la "discusión metodológica" desencadenada en los años veinte y treinta tuvo pleno sentido, dado que la inestabilidad del mo-

---

[288] Mangia. "Postfazione", cit., p. 192.
[289] Cfr. por ejemplo las críticas en Forsthoff. "Anrecht und Aufgabe...", cit., p. 48, así como en su *Tratado...*, cit., p. 110.

mento permitía y exigía una revisión de los postulados hasta entonces vigentes, la evolución a partir de 1945 –basada en la estabilidad política y económica y en el progreso tecnológico-industrial– permitía una reconsideración de la situación. Se observa en este modo de razonar un elemento típicamente forsthoffiano: una constante dualidad consistente en moldear sus construcciones partiendo de los cambios observados en la realidad social. Sin embargo, algo que, en mi opinión, le reportó excelentes resultados en relación, por ejemplo, con su teoría de la procura existencial, da lugar a resultados poco satisfactorios en el caso concreto del método de interpretación constitucional. En efecto, cuando pretende, a través de la mencionada dualidad, justificar una revalorización del método positivista, lo cierto es que sus esfuerzos por dotar de coherencia a sus argumentaciones deben rechazarse.

Desde luego, analizando su elección interpretativa a la luz del conjunto de su producción, no cabe duda de que a FORSTHOFF no le quedaba otra posibilidad. Dada su concepción de la Constitución como un sistema de artificios técnicos destinada a salvaguardar los institutos esenciales del Estado de Derecho (en tanto que instrumentos clave para asegurar la limitación del poder y los derechos y libertades de los individuos), se presentaba como inevitable postular, también, un método de interpretación que excluyera los valores de la propia Constitución, evitando su contaminación ideológica. Para FORSTHOFF la Constitución del Estado de derecho –en tanto que impermeable a los valores y a las connotaciones ideológicas que éstos presuponen– tiene la capacidad de mantenerse indemne e inalterable a través de cambios políticos e ideológicos, además, también, de limitar sus efectos, al irlos canalizando en las formas procedimentales del Estado de Derecho[290].

Lo que subyace a esta concepción y la explica es, sin duda, la experiencia alemana de los años veinte y treinta. Los riesgos que, según FORSTHOFF, conlleva lo que él denomina el "Estado ideológico" (cristalizado fatalmente en la República de Weimar y en el posterior advenimiento de HITLER al poder) explican su insistencia en la necesidad de garantizar las libertades individuales frente a los intereses sociales y económicos organizados, y el esfuerzo por reprimirlos y someterlos a control, con el objetivo de evitar la disolución de los logros del Estado de derecho y de su Constitución frente al autoritarismo[291]. Esta preeminencia de la protección jurídica del individuo –que impedirá que

---

[290] Y una Constitución de este tipo da lugar, en su opinión, a efectos perversos, puesto que está siempre en grado de cambiar sus contenidos, independientemente de los cambios de formas, y siendo incapaz de decidir sobre situaciones de crisis política o institucional y de proporcionar soluciones reales (simplemente se modela en función de las crisis). En este sentido, interpretar la Constitución a la luz de premisas ideológicas puestas a la libre disposición del intérprete supone una disolución del contenido normativo de aquélla y diluye el Derecho constitucional en simple casuística jurisprudencial –por más que se trate de jurisprudencia constitucional!–. Y ello acaba derivando en una destrucción, desde dentro, de la ley constitucional y, por tanto, del mismo régimen constitucional, desde el momento en que los valores, susceptibles de jerarquización y ordenación por medio de la interpretación, devalúan el sistema de fuentes del que objetivamente dispone el intérprete y convierten el ordenamiento en una mesa de valores susceptible de ser constantemente reestructurada, en un juego cuyas reglas pueden modificarse continuamente. Cfr. MANGIA. "Postfazione", cit., pp. 184 y ss.

[291] HERDEGEN. "Ernst Forsthoffs Sicht...", cit., pp. 44 y 45 y 52. Este autor señala como prueba de ello la renuncia de FORSTHOFF a la presidencia del Tribunal Constitucional de Chipre –cargo que ejerció durante algunos años– al negarse el Gobierno de este país a reconocer una decisión del Tribunal relativa a la protección de las minorías.

se repitan acontecimientos como los ocurridos durante la Alemania nacionalsocialista– le obliga a un giro forzado y contradictorio en cuanto a su posición respecto del positivismo, y explica el que hiciera del Estado de derecho la esencia o núcleo duro de la Ley Fundamental, si bien la ausencia constitucional de contenido social se explica también, como dijimos, en el marco de una determinada concepción del Estado y de las funciones a desempeñar por éste. En este sentido, su construcción de la Constitución del Estado de Derecho como un aparato de artificios técnico-formales, exenta de connotaciones ético-valorativas e ideológicas, debe ser vista, también y paradójicamente, como un cierto posicionamiento político por su parte, esto es, como un intento de reconversión jurídico-formal de su pensamiento, cargado, en realidad, de una fuerte dimensión ideológica de carácter autoritario-conservador[292].

---

[292] SORDI. "Il primo e l'ultimo...", cit., p. 670.

BIBLIOGRAFÍA

ABENDROTH, W. "El Estado de Derecho democrático y Social como proyecto político", en E. FORSTHOFF, W. ABENDROTH y K. DOEHRING. *El Estado Social*, Madrid, Centro de Estudios Constitucionales, 1986.

ABIGNENTE, A. "Il contributo di Rudolf Smend ed Hermann Heller al dibattito weimariano su Diritto e Stato", *Quaderni fiorentini*, XXI, 1992.

ALEXY, R. *Teoría de los derechos fundamentales*, Madrid, Centro de Estudios Políticos y Constitucionales, 2001.

BADURA, P. "Daseinsvorsorge als Verwaltungszweck der Leistungsverwaltung", *Die Öffentliche Verwaltung*, Heft 17-18, 1966.

BLÜMEL, W. "Schlusswort", en ÍD. (ed.). *Ernst Forsthoff: Kolloquium aus Anlass des 100. Geburtstags von Prof. Dr. H.C. Ernst Forsthoff*, Wissenschaftliche Abhandlungen und Reden zur Philosophie, Politik und Gesitesgeschichte, t. 30, Berlin, Duncker & Humblot, 2003.

BULLINGER, M. "El *service public* francés y la *Daseinsvorsorge* en Alemania", RAP, n.º 166, 2005.

CANALS, D.; G. ORMAZÁBAL y M. TARRES. "Crónica del Seminario 'La República de Weimar y la evolución de la Ciencia del Derecho'", REDC, n.º 49, 1997.

Carro Fernández-Valmayor, J. L. "La doctrina clásica alemana sobre la personalidad jurídica del Estado. Notas de una relectura", en AA. VV. *Administración instrumental. Libro Homenaje al Profesor Clavero Arévalo*, Madrid, Civitas, 1994.

Casanovas, P. *Gènesi del pensament jurídic contemporani*, Libreria Universitaria 32, Barcelona, Proa, 1996.

Cassese, S. *Cultura e politica del diritto amministrativo*, Bologna, il Mulino, 1971.

Cassese, S. "Tendenze e problemi del diritto amministrativo", ponencia presentada en el XV Congreso Italo-Español de Profesores de Derecho Administrativo sobre "Derecho de la Energía", Sevilla y Córdoba, mayo de 2004.

Desdentado, E. *La crisis de identidad del Derecho administrativo: privatización, huida de la regulación pública y Administraciones independientes*, Valencia, Tirant lo blanch alternativa, 1999.

Doehring, K. "Ernst Forsthoff", en AA. VV. *Juristen im Portrait. Verlag und Autoren in 4 Jahrzehnten: Festschrift zum 225 jährigen Jubiläum des Verlages C.H. Beck*, München, Verlag C. H. Beck, 1988.

Doehring, K. "Enrst Forsthoff als Hochschullerhrer, Kollege und Freund", en W. Blümel (ed.). *Ernst Forsthoff: Kolloquium aus Anlass des 100. Geburtstags von Prof. Dr. H.C. Ernst Forsthoff*, Wissenschaftliche Abhandlungen und Reden zur Philosophie, Politik und Gesitesgeschichte, t. 30, Berlin, Duncker & Humblot, 2003.

Dreier, H. "Die deutsche Staatsrechtslehre in der Zeit des Nationalsozialismus", en AA. VV. *Die deutsche Staatsrechtslehre in der Zeit des Nationalsozialismus*, Veröffentlichungen der Vereinigung der

Deutschen Staatsrechtslehrer, n.º 60, Berlin y New York, Walter de Gruyter, 2001.

Duguit, L. *Las transformaciones del Derecho público*, Madrid, 1926.

Esping-Andersen, G. *Los tres mundos del Estado de Bienestar*, Valencia, Alfons el Magnànim, 1993.

Esteve Pardo, J. "La personalidad jurídica en el Derecho público y la dialéctica Estado-sociedad. Perspectiva histórica", en AA. VV. *Administración instrumental. Libro Homenaje al Profesor Clavero Arévalo*, Madrid, Civitas, 1994.

Esteve Pardo, J. "Las dos vidas de Carl Schmitt", REDC, año 46, n.º 46, 1996.

Esteve Pardo, J. "La doctrina alemana del Derecho público durante el régimen nacionalsocialista: crónica de un debate tardío", REDC, año 23, n.º 67, 2003.

Estévez Araujo, J. A. *La crisis del Estado liberal: Schmitt en Weimar*, Barcelona, Ariel Derecho, 1989.

Fioravanti, M., "La scienza italiana di diritto pubblico del diciannovesimo secolo: bilancio della ricerca storiografica", *Ius Commune*, x, 1983.

Forsthoff, E. *Deutsche Verfassungsgeschichte der Neuzeit*, Berlin, Junker und Dünnhaupt, 1940.

Forsthoff, E. "Begriff und Wesen des sozialen Rechtsstaates", en AA. VV. *Begriff und Wesen des sozialen Rechtsstaates*, Veröffentlichungen der Vereinigung der Deutschen Staatsrechtslehrer n.º 12, Berlin, Walter de Gruyter, 1954.

FORSTHOFF, E. *Tratado de Derecho administrativo*, Madrid, Instituto de Estudios Políticos, 1958.

FORSTHOFF, E. "Einleitung", en ÍD. *Rechtsfragen der leistenden Verwaltung*, Stuttgart, W. Kohlhammer Verlag, 1959.

FORSTHOFF, E. "Folgerungen", en ÍD. *Rechtsfragen der leistenden Verwaltung*, Stuttgart, W. Kohlhammer Verlag, 1959.

FORSTHOFF, E. "Anrecht und Aufgabe einer Verwaltungslehre", en ÍD. *Rechtsfragen der leistenden Verwaltung*, Stuttgart, W. Kohlhammer Verlag, 1959.

FORSTHOFF, E. "Die Daseinsvorsorge als Aufgabe der modernen Verwaltung" (1938), en ÍD. *Rechtsfragen der leistenden Verwaltung*, Stuttgart, W. Kohlhammer Verlag, 1959.

FORSTHOFF, E. "Vorwort", en ÍD. *Rechtsfragen der leistenden Verwaltung*, Stuttgart, W. Kohlhammer Verlag, 1959.

FORSTHOFF, E. "Problemas constitucionales del Estado Social" (1961), en E. FORSTHOFF, W. ABENDROTH y K. DOEHRING. *El Estado Social*, Madrid, Centro de Estudios Constitucionales, 1986.

FORSTHOFF, E. "Problematiche dell'interpretazione costituzionale" (1961), en A. MANGIA. *L'ultimo Forsthoff. Scritti 1961/1969 di E. Forsthoff su Costituzione ed amministrazione tradotti e commentati*, Milano, Cedam, 1995.

FORSTHOFF, E. "Trasformazioni strutturali della democrazia moderna" (1964), en A. MANGIA. *L'ultimo Forsthoff. Scritti 1961/1969 di E. Forsthoff su Costituzione ed amministrazione tradotti e commentati*, Milano, Cedam, 1995.

Forsthoff, E. "Sentido actual de las relaciones entre Estado y sociedad en Alemania", en íd. *Problemas actuales del Estado Social de Derecho en Alemania*, Madrid, Centro de Formación y Perfeccionamiento de Funcionarios, 1966.

Forsthoff, E. "Problemas de la Administración prestadora de servicios", en íd. *Problemas actuales del Estado Social de Derecho en Alemania*, Madrid, Centro de Formación y Perfeccionamiento de Funcionarios, 1966.

Forsthoff, E. "Sulla situazione attuale di una doctrina della costituzione", en A. Mangia. *L'ultimo Forsthoff. Scritti 1961/1969 di E. Forsthoff su Costituzione ed amministrazione tradotti e commentati*, Milano, Cedam, 1995.

Forsthoff, E. "Stato di diritto o Stato di giurisdizione?" (1970), en A. Mangia. *L'ultimo Forsthoff. Scritti 1961/1969 di E. Forsthoff su Costituzione ed amministrazione tradotti e commentati*, Milano, Cedam, 1995.

Forsthoff, E. "La realización técnica" (1971), en íd. *El Estado de la sociedad industrial (El modelo de la República Federal de Alemania)*, Madrid, Instituto de Estudios Políticos, 1985.

Forsthoff, E. "Grupos de interés y acción concertada" (1971), en íd. *El Estado de la sociedad industrial (El modelo de la República Federal de Alemania)*, Madrid, Instituto de Estudios Políticos, 1985.

Forsthoff, E. "Grundsätzliche Erwägungen zum Beamtenrecht" (Rechtsgutachten Prof. Dr. iur. E. Forsthoff), en aa. vv. *Verfassungsrechtliche Grenzen einer Reform des öffentlichen Dienstrechts. Studienkommission für die Reform des öffentlichen Dienstrecht*, Baden-Baden, Nomos Verlagsgesellschaft, 1973.

GÁMEZ MEJÍAS, M. "La división de funciones como superación de la división de poderes en Alemania desde 1750 a 1918 y su influencia en la República de Weimar", *Cuadernos de Derecho Público*, n.º 18, 2003.

GOZZI, G. *Modelli politici e questione sociale in Italia e in Germania fra Otto e Novecento*, Annali dell'Istituto storico italo-germanico, Monografia 9, Bologna, il Mulino, 1988.

HÄBERLE, P. "Zum Staatsdenken Ernst Forsthoffs", en ÍD. *Beiträge zur Staatsrechtslehre und Verfassungskultur*, Berlin, Duncker & Humblot, 2002.

HÄBERLE, P. "Lebende Verwaltung trotz überlebter Verfassung? Zum wissenschaftlichen Werk von Ernst Forsthoff", en ÍD. *Beiträge zur Staatsrechtslehre und Verfassungskultur*, Berlin, Duncker & Humblot, 2002.

HERDEGEN, M. *Ernst Forsthoffs Sicht vom Staat*, en W. BLÜMEL (ed.). *Ernst Forsthoff: Kolloquium aus Anlass des 100. Geburtstags von Prof. Dr. H.C. Ernst Forsthoff*, Wissenschaftliche Abhandlungen und Reden zur Philosophie, Politik und Gesitesgeschichte, t. 30, Berlin, Duncker & Humblot, 2003.

HOBSBAWM, E. *Historia del siglo XX*, Barcelona, Crítica, 2001.

HÖSCH, U. *Die kommunale Wirtschaftstätigkeit: Teilnahme am wirtschaftlichen Wettbewerb oder Daseinsvorsorge (Beiträge zur Ordnungstheorie und Ordnungspolitik)*, Tübingen, Mohr Siebeck, 2000.

IBSEN, J. *Staatsrecht I (Staatsorganisationsrecht)*, dreizehnte, überarbeitete Auflage, Luchterhand, 2001.

IBSEN, J. *Staatsrecht* II *(Grundrechte)*, dreizehnte, überarbeitete Auflage, Luchterhand, 2001.

KLEIN, H. H. "Der totale Staat. Betrachtungen zu Ernst Forsthoffs gleichnamiger Schrift von 1933", en W. BLÜMEL (ed.). *Ernst Forsthoff: Kolloquium aus Anlass des 100. Geburtstags von Prof. Dr. H.C. Ernst Forsthoff*, Wissenschaftliche Abhandlungen und Reden zur Philosophie, Politik und Gesitesgeschichte, t. 30, Berlin, Duncker & Humblot, 2003.

LAAK, D. VAN. *Gespräche in der Sicherheit des Schwiegens. Carl Schmitt in der politischen Geistegeschichte der frühen Bundesrepublik*, Berlin, Akademie Verlag, 1993.

LANCHESTER, F. *Alle origini di Weimar. Il dibattito costituzionalistico tedesco tra il 1900 e il 1918*, Milano, Giuffrè, 1985.

LANCHESTER, F. "Carl Schmitt e la storia costituzionale", en ÍD. (ed.). *Momenti e figure nel diritto costituzionale in Italia e in Germania*, Milano, Giuffrè, 1994.

LANCHESTER, F. "Carl Schmitt, un giurista scomodo", en ÍD. (ed.). *Momenti e figure nel diritto costituzionale in Italia e in Germania*, Milano, Giuffrè, 1994.

LANCHESTER, F. "Il costituzionalismo tedesco da Weimar a Bonn: il contributo di Gerhard Leibholz", en ÍD. (ed.). *Momenti e figure nel diritto costituzionale in Italia e in Germania*, Milano, Giuffrè, 1994.

LANCHESTER, F. "Il periodo formativo di Costantino Mortati", en ÍD. (ed.). *Momenti e figure nel diritto costituzionale in Italia e in Germania*, Milano, Giuffrè, 1994.

LANCHESTER, F. "Introduzione", en ÍD. (ed.). *Momenti e figure nel diritto costituzionale in Italia e in Germania*, Milano, Giuffrè, 1994.

LANCHESTER, F. "Le radici di Weimar" en ÍD. (ed.). *Momenti e figure nel diritto costituzionale in Italia e in Germania*, Milano, Giuffrè, 1994.

LEIBHOLZ, G. *La dissoluzione della democrazia liberale in Germania e la forma di Stato autoritaria*, Milano, Giuffrè, 1996.

MANGIA, A. "Introduzione", en ÍD. *L'ultimo Forsthoff. Scritti 1961/ 1969 di E. Forsthoff su Costituzione ed amministrazione tradotti e commentati*, Milano, Cedam, 1995.

MANGIA, A. "Nota bibliografica", en ÍD. *L'ultimo Forsthoff. Scritti 1961/ 1969 di E. Forsthoff su Costituzione ed amministrazione tradotti e commentati*, Milano, Cedam, 1995.

MANGIA, A. "Postfazione", en ÍD. *L'ultimo Forsthoff. Scritti 1961/1969 di E. Forsthoff su Costituzione ed amministrazione tradotti e commentati*, Milano, Cedam, 1995.

MANNONI, S., recensión a O. BEAUD. *Les derniers tours de Weimar. Carl Schmitt face à l'avènement du nazisme*, Paris, Descartes & Cie, 1997, y G. VOLPE. *Il costituzionalismo del Novecento*, Bari, Laterza, 2000, *Quaderni fiorentini* 28, t. 2, 1999.

MARTÍN-RETORTILLO, L. "La configuración jurídica de la Administración Pública y el concepto de *Daseinsvorsorge*", RAP, 1961.

MARTÍNEZ SOSPEDRA, M. *Introducción a los partidos políticos*, Barcelona, Ariel Derecho, 1996.

Massera, A. "L'influenza della cultura tedesca sulla prolusione orlandiana", *Rivista trimestrale di diritto pubblico*, n.° 4/1989.

Maurer, H. *Allgemeines Verwaltungsrecht*, 13.ª ed., München, Verlag C. H. Beck, 2001.

Meyer, H. *Kommunalrecht*, 2.ª ed., Baden-Baden, Nomos Verlagsgesellschaft, 2002.

Mortati, C. "Brevi note sul rapporto fra costituzione e politica nel pensiero di Carl Schmitt", *Quaderni fiorentini* 2, 1979.

Olson, M. *La lógica de la acción colectiva. Bienes públicos y la teoría de grupos*, México, Limusa, 1992.

Pauly, W. "Die deutsche Staatsrechtslehre in der Zeit des Nationalsozialismus", en AA VV. *Die deutsche Staatsrechtslehre in der Zeit des Nationalsozialismus*, Veröffentlichungen der Vereinigung der Deutschen Staatsrechtslehrer, n.° 60, Berlin y New York, Walter de Gruyter, 2001.

Pieroth, B. y B. Schlink. *Staatsrecht II (Grundrechte)*, 15 neubeareitete Auflage, C. F. Müller, 1999.

Ronellenfitsch, M. "Daseinsvorsorge als Rechtsbegriff. Aktuelle Entwicklungen im nationalen und europäischen Recht", en W. Blümel (ed.). *Ernst Forsthoff: Kolloquium aus Anlass des 100. Geburtstags von Prof. Dr. H.C. Ernst Forsthoff*, Wissenschaftliche Abhandlungen und Reden zur Philosophie, Politik und Gesitesgeschichte, t. 30, Berlin, Duncker & Humblot, 2003.

Rosenberg, A. *Storia della repubblica di Weimar*, Biblioteca Sansoni, Firenze, 1973 (trad. de *Geschichte der Deutschen Republik*, Karlsbad

1925, reeditado en 1961 con el título *Geschichte der Weimarer Republik*, Frankfurt am Main, Europäische Verlagsanstalt).

SANTAMARÍA PASTOR, A. *Fundamentos de Derecho administrativo*, Madrid, Centro de Estudios "Ramón Areces", 1991.

SCHNEIDER, H. "Ernst Forsthoff. Berichte", *Die Öffentliche Verwaltung*, n.º 17, 1974.

SCHNUR, R. (ed.). *Festgabe für Ernst Forsthoff zum 70. Geburstag*, München, C. H. Beck'sche Verlagsbuchhandlung, 1972.

SHEIDEMANN, D. *Der Begriff Daseinsvorsorge: Ursprung, Funktion und Wandlungen der Konzeption E. Forsthoffs*, Göttingen, Muster-Schmidt, 1991.

SOSA WAGNER, F. *Maestros alemanes del Derecho público (I)*, Madrid, Marcial Pons, 2002.

STOLLEIS, M. *Geschichte des Öffentlichen Rechts, in Deutschland*, Zweiter Band, 1800-1914, München, Verlag C. H. Beck, 1992.

STOLLEIS, M. *Geschichte des Öffentlichen Rechts, in Deutschand*, Dritter Band, 1914-1945, München, Verlag C. H. Beck, 1999.

ZWEIGERT, K. y H. KOTZ. *Einführung in die Rechtsvergleichung auf dem Gebiet des Privatrechts*, 3.ª ed., 1996.

ÍNDICE ONOMÁSTICO

-A-

Abendroth 73, 156
Abignente 48
Albrecht 48, 50
Alexy 160, 161
Anschütz 113

-B-

Bachof 59
Badura 158
Beaud 25
Blümel 19, 38, 61, 63, 68, 150
Böckenförde 60
Brüning 29
Bullinger 20

-C-

Canals 21
Carro Fernández-Valmayor 25, 50, 51
Casanovas 33, 34, 45, 48, 51, 52, 55
Cassese 22, 48, 52, 53
Crisafulli 16

-D-

Desdentado 23
Doehring 19, 20, 57, 58, 59, 63, 66, 73, 156
Dreier 28, 39, 42, 44, 46, 59, 60, 62
Duguit 74, 75, 76, 77, 90, 91, 123, 124
Dürig 149

-E-

Ehrlich 45
Engisch 19
Esping-Andersen 146, 161, 162
Esteve Pardo 16, 17, 21, 49, 54, 62
Estévez Araujo 31, 33, 34, 40, 42, 43, 46, 47

-F-

Fioravanti 15, 47, 51, 52, 53, 55
Forsthoff 13, 14, 18, 20, 21, 22, 24, 26, 29, 39, 43, 53, 56, 57, 58, 59, 60, 61, 62, 63, 64, 65,

66, 67, 68, 69, 70, 71, 72, 73,
74, 75, 76, 77, 78, 79, 80, 81,
82, 83, 84, 85, 86, 87, 88, 89,
90, 91, 92, 93, 95, 96, 97, 99,
100, 101, 102, 103, 104, 105,
106, 107, 108, 109, 110, 111,
112, 113, 114, 115, 116, 117,
118, 119, 120, 121, 122, 124,
125, 126, 128, 129, 130, 131,
132, 133, 134, 135, 136, 137,
138, 139, 140, 141, 142, 143,
144, 145, 146, 147, 148, 149,
150, 151, 152, 154, 155, 156,
157, 158, 159, 160, 162, 163,
164, 165

-G-

Galán 11
Galbraith 96
Galizia 16
Gámez Mejías 27, 35
Garrido Falla 63
Gerber 48, 50
Giannini 22, 55
Gierke 45
Gómez de Ortega y Junge 63
Gozzi 45, 54

-H-

Häberle 19, 47, 149, 156, 161
Heck 45

Heller 13, 21, 26, 46, 56
Herdegen 68, 104, 152, 154, 158, 165
Hitler 29, 44, 46, 59, 147, 165
Hobsbawm 18
Hollerbach 60
Hösch 97, 98

-I-

Ibsen 113
Ihering 45

-J-

Jellinek 48, 50

-K-

Kantorowicz 45
Kelsen 46, 48, 114
Kircheimer 94
Klein 37, 38, 43, 57, 58, 59, 60, 61, 62, 147, 151
Kotz 35

-L-

Laak 58, 64
Laband 48, 50
Lanchester 15, 16, 18, 21, 25, 27, 28, 32, 33, 34, 36, 37, 40, 41, 45, 46, 148

Lavagna 16
Legaz Lacambra 63
Leibholz 32, 113

-M-

Magaldi Mendaña 13, 14
Malaret 11
Mangia 19, 56, 57, 62, 64, 67, 96, 105, 107, 108, 154, 156, 157, 158, 159, 163, 165
Márai 18
Martín-Retortillo 64, 84, 85, 92, 97
Martínez Sospedra 94, 95
Massera 47
Maurenbrecher 48
Maurer 35, 66, 67, 83, 84
Mayer 22
Merkl 46
Meyer 98
Michels 41
Mir 11
Montoro 11
Morgenstern 18
Mortati 16, 52
Mosca 41

-N-

Naumann 120
Noguera 11

-O-

Olson 99
Orlando 15, 47, 52
Ormazabal 21
Ortino 64

-P-

Pareto 41
Pauly 60, 61
Pieroth 113
Pío XI 98
Pons 11

-R-

Rincón 11, 14
Rodríguez Pontón 11
Romano 22
Ronellenfitsch 61, 63, 66, 125, 148, 149, 150, 153, 155, 156, 158
Rosenberg 29, 30, 38, 39
Roth 18
Rümelin 45

-S-

Santamaría Pastor 50
Scheidemann 29
Schlink 113

Schmitt 16, 21, 40, 46, 52, 56, 59, 62, 64, 114
Schneider 19, 63, 67
Schnur 26
Sheidemann 88
Smend 21, 26, 46
Sordi 19, 47, 60, 166
Sosa Wagner 46, 48, 50, 82
Stolleis 17, 32, 35, 45, 47, 48, 50, 61

-T-

Tarrés 11, 21
Triepel 44, 46, 113, 114

-V-

Van Laak 18, 56
Villar Borda 14
Volpe 25
Von Mohl 50
Von Stein 81, 82, 119, 120

-W-

Weber 74
Wilhelm 51
Wright Mills 96

-Z-

Zachariae 50
Zweig 18
Zweigert 35

www.ingramcontent.com/pod-product-compliance
Lightning Source LLC
Chambersburg PA
CBHW060341170426
43202CB00014B/2845